基于关系观的供应商创新性及其利用机制研究

王 玮 著

中国财经出版传媒集团
中国财政经济出版社

图书在版编目（CIP）数据

基于关系观的供应商创新性及其利用机制研究 ／ 王玮著． －－北京：中国财政经济出版社，2021.4

ISBN 978 - 7 - 5223 - 0419 - 9

Ⅰ.①基… Ⅱ.①王… Ⅲ.①企业管理 - 供销管理 - 研究 Ⅳ.①F274 - 39

中国版本图书馆 CIP 数据核字（2021）第 045346 号

责任编辑：蔡 宾　　　　　责任校对：胡永立
封面设计：陈宇琰

中国财政经济出版社 出版

URL：http://www.cfeph.cn

E - mail：cfeph@cfeph.cn

（版权所有　翻印必究）

社址：北京市海淀区阜成路甲 28 号　邮政编码：100142
营销中心电话：010 - 88191522　编辑部门电话：010 - 88190666
天猫网店：中国财政经济出版社旗舰店
网址：https://zgczjjcbs.tmall.com
北京财经印刷厂印刷　　各地新华书店经销
成品尺寸：170mm×240mm　16 开　12.5 印张　192 000 字
2021 年 4 月第 1 版　2021 年 4 月北京第 1 次印刷
定价：60.00 元
ISBN 978 - 7 - 5223 - 0419 - 9
（图书出现印装问题，本社负责调换，电话：010 - 88190548）
本社质量投诉电话：010 - 88190744
打击盗版举报热线：010 - 88191661　QQ：2242791300

前　言

近年来我国经济供求平衡由高速增长平台上的供求平衡转向中高速平台上的供求平衡，我国经济发展进入"新常态"。推进供给侧结构性改革，成为适应和引领经济发展新常态的重大创新。党的十八届五中全会确定的"十三五"发展目标中，将创新作为解决中国深层次矛盾和问题的根本途径，置于五大发展理念的首位，创新驱动是推进供给侧改革的关键问题。在这场推进技术创新的大潮中，企业是技术创新的主体。装备制造业是制造业中技术含量和附加价值最高的组成部分，其所占的比重代表了制造业的技术创新能力和竞争实力。与发达国家相比，我国装备制造企业占全国制造业的比重偏低，并且我国目前一流的企业和自主品牌较少，创新能力薄弱，对引进技术的消化吸收再创新能力不足，这些都是我国装备制造业发展的软肋，推动装备制造业创新能力提升依然是继续实现工业化目标的重要途径。日益激烈的国内外竞争环境和多样的客户需求使得制造企业仅依赖于内部资源无法满足创新需求。企业与供应商合作创新成为企业开放式创新的重要方式，但合作创新常得不到期望的创新成果。究其原因，并非所有供应商都有助于企业创新绩效提升。供应商创新性作为供应商所具备的"间接价值"，显著提升企业创新绩效，是企业评价并管理创新型供应商的重要依据。然而，现有理论和实践对供应商创新性的理解主要基于组织创新性理论，并未深入探索供应商创新性的特殊性。同时，目前对供应商创新性与企业创新绩效之间关系的研究主要关注前者对后者的直接影响，并未打开供应商创新性影响企业创新绩效的黑箱。此外，利用供应商创新性相关研究仅集中于探讨制造企业单方面的行为，忽略了企业与供应商合作创新中双方共同投入行为的重要作用。在经济新常态背景下加强合作创新，有效利用供应商创新性提升企业创新能力对装备制造企业与供应商合作创新提出新的要求。

本书是国内较少的供应商参与制造企业创新领域关于供应商创新性利用及过程中的供应商关系管理、知识管理的专著。主要创新工作有以下三个方面：第一，基于组织创新性理论和关系观分析供应商创新性的特征，拓展了供应商创新性的理论视角。以制造企业为研究对象，利用扎根理论研究方法，探索供应商创新性的概念，发现供应商创新性构念包括技术能力、创新欲求、资源共享意愿和关系协同能力四个维度，形成供应商创新性构念解释构架，在此基础上编制供应商创新性量表，不仅强调供应商的创新能力和对不断创新的自我要求，还强调愿为企业提供创新所需知识和技术及积极协调合作关系的创新特性。第二，理论分析供应商创新性对企业创新绩效影响的中间机制，探讨供应商创新共享的中介作用，阐释了供应商创新性对企业创新绩效影响作用如何得到维持。本书认为企业不仅要认识到供应商具备先进技术和能力，还要认识到供应商充分共享企业所需知识对企业创新的重要价值，对中间机制的探讨为解释供应商创新性与企业创新绩效之间关系的内部作用机制提供了重要思路和有益补充。第三，依据关系观中关系租金决定因素分析框架探索了关系专用性适应、权力、关系制度和吸收能力对供应商创新共享中介作用的调节作用，阐释了供应商创新共享的中介作用如何增强，丰富和发展了供应商创新性的利用机制。

本书获西安财经大学学术著作出版资助，衷心感谢西安财经大学科研处和管理学院各级领导尤其是陈树广主任对本书顺利出版的大力支持和无私帮助。

本书主要读者对象主要为从事产品创新管理、供应商管理、采购管理等专业和研究领域的各类学者以及企业产品创新、采购与供应管理工作的相关从业人员。

作者

2020 年 10 月

目 录

第1章 引言 ……………………………………………………………………（1）
  1.1 研究缘起和背景 ………………………………………………………（1）
  1.2 国内外研究现状 ………………………………………………………（3）
  1.3 研究目标和研究意义 …………………………………………………（6）
  1.4 研究的主要内容 ………………………………………………………（7）
  1.5 研究方法与结构安排 …………………………………………………（9）

第2章 开放式创新与供应商参与创新的理论与实践 ……………………（11）
  2.1 开放式创新与供应商参与 ……………………………………………（11）
    2.1.1 开放式创新内涵 ………………………………………………（11）
    2.1.2 开放式创新与采购管理演化 …………………………………（12）
    2.1.3 供应商参与企业创新的发展 …………………………………（14）
  2.2 供应商参与创新与企业创新绩效 ……………………………………（16）
    2.2.1 供应商参与创新的需求与管理 ………………………………（16）
    2.2.2 供应商选择与企业创新相关研究 ……………………………（18）
    2.2.3 供应商参与创新对企业创新绩效的影响 ……………………（20）
  2.3 供应商创新性的利用与管理 …………………………………………（21）
    2.3.1 创新与组织创新性 ……………………………………………（21）
    2.3.2 供应商创新性 …………………………………………………（23）
    2.3.3 供应商创新性管理相关研究 …………………………………（25）
    2.3.4 制造企业利用供应商创新性相关研究 ………………………（26）

第3章 供应商创新性：内容结构探索 ……………………………………（28）
  3.1 供应商创新性构念的理论分析与研究方法 …………………………（29）

3.1.1　基于组织创新性理论的供应商创新性构念 …………… (30)
　　　3.1.2　基于关系观的供应商创新性构念 ………………………… (33)
　　　3.1.3　扎根理论在供应商创新性构念研究中的应用 ………… (36)
　3.2　基于扎根理论的供应商创新性 ………………………………………… (39)
　　　3.2.1　研究设计和数据来源 ……………………………………… (39)
　　　3.2.2　数据分析与范畴提炼 ……………………………………… (40)
　　　3.2.3　供应商创新性量表预测试 ………………………………… (47)
　3.3　供应商创新性量表开发 ………………………………………………… (49)
　　　3.3.1　研究设计与数据收集 ……………………………………… (49)
　　　3.3.2　探索性因子分析 …………………………………………… (50)
　　　3.3.3　信度和效度检验与量表确定 ……………………………… (53)
　　　3.3.4　供应商创新性构念扎根研究结果讨论 …………………… (56)

第4章　供应商创新性利用：模型构建和研究假设 ………………………… (58)
　4.1　理论模型构建 …………………………………………………………… (60)
　　　4.1.1　供应商创新性与供应商创新共享 ………………………… (60)
　　　4.1.2　基于关系观的供应商创新性利用机制理论模型 ………… (61)
　4.2　研究假设的提出 ………………………………………………………… (69)
　　　4.2.1　供应商创新性对供应商创新共享的影响 ………………… (69)
　　　4.2.2　供应商创新共享的中介作用 ……………………………… (70)
　　　4.2.3　关系专用性适应的调节作用 ……………………………… (72)
　　　4.2.4　权力的调节作用 …………………………………………… (77)
　　　4.2.5　关系制度的调节作用 ……………………………………… (80)
　　　4.2.6　吸收能力的调节作用 ……………………………………… (84)
　4.3　本章小结 ………………………………………………………………… (88)

第5章　供应商创新性利用机制研究设计 ………………………………… (91)
　5.1　研究变量的测量 ………………………………………………………… (91)
　5.2　问卷设计与数据收集 …………………………………………………… (100)
　　　5.2.1　问卷设计 …………………………………………………… (100)

  5.2.2 数据收集 …………………………………………… (101)

 5.3 取样程序 ……………………………………………………… (102)

 5.4 数据分析方法与模型 ………………………………………… (102)

第6章 数据分析与结果讨论 ………………………………………… (111)

 6.1 变量描述性统计 ……………………………………………… (111)

 6.2 量表信度与效度检验 ………………………………………… (113)

  6.2.1 量表信度分析 ………………………………………… (113)

  6.2.2 量表效度分析 ………………………………………… (113)

 6.3 层次回归假设检验 …………………………………………… (126)

  6.3.1 供应商创新共享中介作用假设检验 ………………… (126)

  6.3.2 关系专用性适应的调节作用 ………………………… (128)

  6.3.3 权力的调节作用 ……………………………………… (133)

  6.3.4 关系制度的调节作用 ………………………………… (138)

  6.3.5 潜在吸收能力的调节作用 …………………………… (140)

  6.3.6 实际吸收能力的调节作用 …………………………… (142)

 6.4 本章小结 ……………………………………………………… (144)

第7章 研究结论与展望 ……………………………………………… (149)

 7.1 本书的主要研究结论 ………………………………………… (149)

 7.2 本书的理论贡献与实践启示 ………………………………… (152)

  7.2.1 理论贡献 ……………………………………………… (152)

  7.2.2 实践启示 ……………………………………………… (155)

 7.3 本书的创新点 ………………………………………………… (157)

 7.4 供应商创新性的未来研究方向 ……………………………… (159)

附录1 访谈提纲 ……………………………………………………… (161)

附录2 调查问卷 ……………………………………………………… (163)

附录3 Mplus 程序 …………………………………………………… (171)

参考文献 ……………………………………………………………… (173)

第1章 引言

1.1 研究缘起和背景

在激烈的竞争环境中，创新对于制造企业生存发展的重要性日益凸显，成为企业在激烈的市场竞争中获取竞争优势的关键。如今，企业创新模式正由"封闭式创新（closed innovation）"向"开放式创新（open innovation）"转变（Gobbo Jr 和 Olsson，2010），企业愈发需要与外部成员交换知识、资源或能力实现自身创新（陈钰芬和陈劲，2009）。作为制造企业的特殊合作对象，外部供应商所掌握大量先进的技术和丰富的资源是企业创新的重要来源，企业与其合作创新成为实施开放式创新的重要方式，供应商参与制造企业产品创新已经被企业广泛采纳（Johnsen，2011），IBM、惠普和戴尔的供应商都承担了大量新产品设计和开发职责（Azadegan 和 Dooley，2010）。供应商在企业产品和技术开发环节的重要作用使得供应商参与企业创新相关研究得到学者广泛关注，由于双方建立长期合作伙伴的关系，具有高度的信任、承诺以及高度开放的沟通（Koufteros 等，2005；Van Echtelt 等，2007）。供应商参与产品和技术的开发会减少开发时间和开发成本、提高产品质量（Clark，1989；Petersen 等，2005；Ragatz 等，1997）。供应商参与新产品和新技术的开发与产品制造能力、产品质量（Petersen 等，2005；Primo 和 Amundson，2002）、供应商早期参与以及买方企业的创新能力之间也存在正向影响（Koufteros 等，2007）。

尽管大量研究证明供应商整合对产品开发绩效预期存在正向影响，但是也有部分实证研究显示，供应商参与进企业创新对开发成本、开发实践或者产品绩效之间存在负面影响（Eisenhardt 和 Tabrizi，1995；Kessler 等，2000；

Littler 等，1998；Von Corswant 和 Tunälv，2002）。在新产品和技术开发过程中供应商参与能够带来新产品开发项目的成功，这些过程需要更多的资源和时间（Von Corswant 和 Tunälv，2002）。Koufteros 等（2005）同样发现供应商整合的负面影响，认为"将更多产品开发责任分派给供应商对组织推出新产品和新特色的能力起消极影响，导致企业产品创新能力的退化"。供应商参与企业创新对企业产品和技术开发绩效的影响存在矛盾的结论表明，制造企业与供应商合作创新过程中，创新型供应商的知识和能力并未被制造企业更有效地利用。拥有核心技术的供应商顾虑知识溢出，不情愿与制造企业共享知识，并且在制造企业与供应商合作过程中，不可避免地会伴随其他企业的"搭便车"行为，除此之外，企业与供应商之间的权力依赖关系也影响供应商的创新行为（Jean 等，2012），这些都降低了企业产品创新成功的效率，增加了其不确定性。

  以上研究相互矛盾的观点表明，供应商与企业合作创新中供应商的知识和能力并未直接影响企业创新绩效，供应商先进知识和能力未能被有效利用实现企业创新，而有效利用供应商资源是企业进行创新追求的重要目标。学术界对于什么样的供应商能够帮助企业实现创新，企业与供应商如何合作才能更有效利用供应商创新知识和资源提升企业创新能力和创新绩效仍有待深入探索。基于此，近年来制造企业与供应商合作进行创新的相关研究中，一些学者开始由关注供应商参与创新对企业创新效果的影响，转向关注供应商参与创新中创新的产生过程，供应链环境中创新的来源从组织内部转移到组织之间交互关系，制造企业与上游供应商所建立的合作关系是产生创新观点和提高创新能力的重要途径（Roy 等，2004）。研究指出，供应商创新性（supplier innovativeness，SI）能够显著影响企业创新绩效（Azadegan 和 Dooley，2010；Bengtsson 等，2013），对供应商创新性的有效利用成为企业成功实施产品和工艺创新的关键。

  有效利用供应商创新性需首先充分认识供应商创新性，了解供应商在参与企业创新过程中有助于企业创新能力提升的先进知识、技术和能力等。供应商创新性作为企业评价并管理创新型供应商的重要方式，已经受到学术界广泛关注。Azadegan（2011）指出供应商创新性能够显著影响企业制造绩效，供应商的能力以及与制造企业共享知识和技术进行产品创新的意愿在其中起到重要作用（Schiele 等，2011）。企业不仅关注供应商所提供的产品质量和价格，更关注供应商为企业提供的新技术和新的创新流程等"间接"价值及其对企业创新能力的提升，选择高创新性供应商对制造企业至关重要。供应商创新性是供应商实施创新行为的驱动因素，也是供应商产生创新背后的主要推动力（Santos‐Vijande 和 Álvarez‐González，2007）。现有大量研究报道当选择不合适的供应商时，供应商不能胜任甚至成为项目顺利实施的障碍（Flynn，Amundson and Schroeder 2000；Primo and Amundson 2002；Rutten 2003；Wognum，Fisscher and Weenink 2002；Zsidisin and Smith 2005）。由此，认识供应商创新性以有效评价并管理供应商是企业创新面对的重点。然而现有研究对在供应商参与企业创新过程中供应商创新性是什么，由哪些维度组成仍缺乏深入探索，对于学术界和企业界仍是一个亟须解决的问题。

对于供应商创新性的利用，现有研究从组织学习理论、知识基础观、关系观等角度行了少量探讨，Azadegan 等（2008）分析了组织学习在供应商创新性对制造绩效的影响中的调节作用。Wagner（2012）利用组织学习理论、知识观和交易成本理论，探讨供应链管理者在模糊前端阶段如何与供应商合作以在新产品开发中更好地利用供应商的知识和能力。随着供应商创新性重要性的日益凸显，供应商创新性已成为刺激企业借助供应商的知识和能力进行产品创新的动力，企业为有效提升产品创新效率，有必要寻找有效途径利用供应商的技术和能力。然而制造企业与供应商如何合作有效利用供应商创新性的问题仍未得到深入探索。现有大多数关于供应商创新性以及利用供应商创新性的研究成果均聚焦于西方发达国家实践，关于中国情境下制造企业对供应商创新性的认识，及如何有效利用供应商的创新性实现产品创新，是现有研究需要解决的关键问题。

1.2 国内外研究现状

创新是制造企业在激烈竞争环境中生存的根本，是企业竞争优势的重要来源，先进的知识和技术是企业创新的源泉。企业产品和工艺创新在复杂性、综合性、系统性方面程度很高，自身缺乏实施创新的全部资源，而传统的创新方式强调企业研发活动是企业创新的中心，并依此将企业创新内部化，随着产品和工艺创新速度和复杂程度的加深，该做法已经不能满足企业面临的激烈市场竞争环境。鉴于企业自身资源已经无法满足其发展需求，企业将参与创新成员的范围逐渐向企业外部扩展，企业内部和外部知识的有效结合实现创新是企业追求的重要目标，也成为企业创新的重要发展趋势。供应商作为企业上游重要的物料和信息提供者，企业产品和工艺创新离不开供应商的支持（Lau 等，2010），供应商参与新产品开发已经被企业广泛运用，供应商参与新产品开发有助于企业降低研发成本，使双方共担风险、并且共享创新收益，对企业产品创新能力、产品创新绩效和运作效率的提升起重要作用（李随成和姜银浩，2009）。制造企业与关键供应商的关系已不局限于传统的简单交易关系，而是通过长期合作建立更稳定的战略关系。

供应商先进的知识和技术对企业的重要作用已经得到广泛认识，现有研究的重点已经开始由认识到供应商资源的重要作用，发展到哪些资源对制造企业具有重要作用，这些资源如何识别以帮助制造企业提升创新能力和创新绩效。Krause 等（2001）等人利用单维量表对采购竞争优先权中创新型供应商进行测度，为认识创新在战略采购中的重要作用及供应商创新性的含义提供指导。IMP 组织的研究成果提出识别创新型供应商的理论框架，Rese（2006）提出一个选择正确供应商的决策模型，Schiele（2006）提出将采购和创新联系起来，关注采购的核心行为之一，也就是选择对企业创新具有重要潜在贡献的供应商。Pulles 等（2014）认为并非所有供应商都有助于企业创新绩效的提升，企业必须识别有能力并且愿意贡献创新的供应商才能在与供应商合作中获得有价值的创新，研究提出从供应商特有的技术、合作态度和关系特征三方面选择有助于企业创新的供应商。Schiele 等（2011）认为供应商通过动员自身能力进行创新并且参与企业早期创新过程中开发产品来提高企业产品和项目的成功，认为供应商创新性包括供应商创新能力和为企业提供新技术的意愿。现有研究尽管已经对供应商创新性展开初步探索，但对其内涵的理解仅是对组织创新性概念的简单借鉴，并未体现与企业长期合作过程中供应商所作出的创新贡献，忽视了对供应商创新性特殊性的具体研究，对供应商与制造企业合作过程中全面分析供应商创新性概念的相关实证研究仍较缺乏。供应商创新性的特殊特征决定了供应商创新性应是多维度而非单维度构念，对供应商创新性维度的探索直接体现其本质特征，但现有研究对供应商创新性构念的结构和测量仅通过单维度展现（Azadegan，2011；Azadegan 和 Dooley，2010），关注供应商是否具有独特创新资源和能力方面。对供应商创新性特殊性的探究必须深入企业供应商管理实践进行深度探讨。

供应商创新性作为供应商参与企业创新具备的重要特征，受到广泛关注，供应商所具备的技术和能力如何有效运用于企业创新中是现有理论和实践关注的重点，Bengtsson 等（2013）认为企业了解、吸收和利用外部知识的过程尤为重要，并提出企业知识整合能力，包括专业的供应商管理和跨职能决策在运用供应商创新中的作用。Azadegan 和 Dooley（2010）利用组织学习理论，通过制造企业和供应商学习方式的适配，探索两者学习方式如何影响供应商创新性对制造企业的作用。Azadegan（2011）探索制造企业吸收能力、供应商评估项目如何帮助企业利用供应商的运作创新性提高企业制造绩效。Wagner（2012）探索制造企业新产品开发模糊前端如何得到有效管理以获取供应商创新，并通过吸收能力、专用性投资和在新产品开发阶段整合三方面探讨企业在模糊前端如何与供应商合作从而更好利用供应商知识和能力。已有少量研究注意到有效利用供应商创新性的重要性，然而供应商创新性的有效利用受制于企业对供应商创新性与创新绩效之间的关系的因果模糊性，企业整合供应商知识和技术时存在很大困难，影响供应商创新性对企业创新的作用，而一些供应商参与活动能够减少因果模糊性并最终影响创新结果（Potter 和 Lawson，2013）。现有研究仅关注供应商创新性对企业创新绩效的直接作用，并未深入探讨供应商创新性作为供应商具备的创新特性如何促进制造企业创新绩效提升，即利用供应商创新性提高企业创新绩效的过程是如何实现并维持的。尽管已有研究对供应商创新性的利用进行了少量探索（Azadegan 等，2008；Bengtsson 等，2013；Wagner，2012），但均集中于制造企业单方的作用，而企业与供应商成功合作创新需双方共同努力，不仅关注企业行为，还应强调企业期望供应商所提的供支持和行为如何共同作用以有效利用供应商创新性，并且现有研究主要集中于发达国家，对中国制造企业有效利用供应商创新性的研究较少。

1.3 研究目标和研究意义

研究主要目标是借助关系观、组织创新性理论，探索供应商创新性的内容结构并开发测量量表；从制造企业—供应商二元关系角度（供应商关系角度），借助社会交互理论、关系观中决定关系租金形成的框架探明制造商—供应商合作创新中，供应商创新性对企业创新绩效的内部影响作用，并揭示企业利用供应商创新性提升创新绩效的作用机制。重点回答制造企业与供应商合作创新过程中如何获取并最大化利用供应商创新性并提高供应商创新性对制造企业产品和工艺创新所带来的收益。

产品和工艺的不断创新是实现企业竞争优势的重要手段，在中国经济迅速发展的今天，越来越微薄的利润使得制造企业为了寻求竞争优势的提升，将关注的焦点逐渐从"中国制造"向"中国创造"转变。在这转型期提高制造企业创新能力已经成为企业获取竞争优势的关键。大量研究认为，企业通过与外部供应商建立合作关系，将供应商整合于其产品创新过程中有利于企业产品创新绩效提升，但也有部分研究认为供应商参与对企业产品创新绩效并无显著作用。究其原因，对供应商创新性是否有效利用是解释外部资源能否提升自身创新绩效的关键。激烈的市场竞争要求企业具有更强的创新能力，需要在企业产品和工艺创新中整合供应商，从而利用供应商的资源和能力促进企业创新绩效提升，因此，对供应商创新性的有效利用是大势所趋。然而我国大多数企业对如何有效评估与管理供应商，对供应商创新性及其利用的认识与实践还处于盲目模仿探索和缺乏理论指导的阶段。研究探索供应商创新性构念内涵及组成维度，及创新过程中供应商创新性的利用机制，对企业获取供应商创新性、提高企业创新能力，进而实现持续自主创新具有重要的理论价值，对于指导我国制造企业有效整合供应商，利用供应商创新性提高创新能力具有重要意义。

1.4 研究的主要内容

研究通过文献梳理和理论分析，借助关系观、组织创新性、知识基础观等理论，运用文献分析、企业访谈、大样本问卷调查和层次回归分析等方法，探索供应商创新性构念的内涵和组成维度，基于关系观中关系租金决定因素分析框架对供应商创新性利用机制进行深入探索。

首先，探索供应商创新性构念内容结构，开发测量量表。基于相关文献研究成果，本研究立足于制造企业，探索制造企业创新过程中对企业创新具有重要作用的供应商特征，即供应商创新性，提出包含技术能力、创新欲求、资源共享意愿、关系协同能力的四因子结构，拟运用大样本问卷调查数据进行探索性因子分析（EFA）和验证性因子分析（CFA）进一步检验供应商创新性的因子结构，并开发测量量表，为下一步研究制造企业如何有效利用供应商创新性奠定理论基础。

其次，探索供应商创新性利用机制。研究供应商创新性利用机制需深入理解制造企业如何有效利用供应商先进知识和技术促进自身创新。供应商能给制造企业带来的价值是多维的，除了提供质量、价格等直接价值因素外，还可为企业带来诸如吸引新的顾客、提供供应网络、引入新的技术和创新性的工艺等间接价值。随着制造企业对供应商的更强依赖，需要有效认识和利用具有这些潜在间接价值能力的供应商的创新性。研究从供应商关系视角，运用关系观的相关研究成果，从维持和增强两个角度探索供应商创新性的利用机制。具体地，研究探索供应商创新共享在供应商创新性对企业创新绩效影响中的中介作用，探讨供应商创新性对企业创新绩效的作用效果如何得到维持。从关系专用性投资、有效治理和知识共享惯例等方面分析供应商创新共享中介作用如何得到增强以促进供应商创新性的利用。基于理论分析构建相关理论模型，提出相应研究假设，采用层次回归方法实证检验相关研究假设，最后，给出研究结论与展望。

结合研究的主要内容，论文章节具体安排如下：

第1章 引言。分析研究的理论背景和现实背景，明确研究必要性。在此基础上对国内外供应商参与制造企业创新、供应商创新知识和技术的利用现状进行深入分析，并指出研究的重要意义，阐述研究方法和研究的整体框架。

第 2 章　开放式创新与供应商参与创新的理论与实践。围绕研究问题，对开放式创新、供应商参与创新与企业创新绩效、组织创新性、供应商创新性的利用与管理等相关研究进行综述，指出研究的必要性，为本研究奠定理论基础。

第 3 章　供应商创新性：内容结构探索。研究采用定性与定量相结合的方法，立足制造企业，借助组织创新性相关研究成果，深入分析供应商创新性的内涵，采用扎根理论分析方法，通过数据分析与范畴提炼探索供应商创新性的内容结构。在此基础上开发供应商创新性测量量表，通过大样本问卷调查方法对量表进行检验，最终确定供应商创新性因子结构，为供应商创新性利用机制的分析提供理论支持和测量工具。

第 4 章　探索供应商创新性：模型构建和研究假设。依据社会交互理论和关系观关系租金决定因素分析框架，探索制造企业如何有效利用供应商创新性以提高企业创新绩效，探索供应商创新共享在供应商创新性与创新绩效间的中介作用和关系专用性适应、权力、关系制度和吸收能力等对该中介作用的调节作用，构建概念模型并提出研究假设。

第 5 章　供应商创新性利用机制研究设计。结合现有研究成果，深入企业进行调研和访谈，介绍变量测量指标的获取方法，对变量进行操作化定义，阐述问卷设计、发放、回收情况。并说明研究所涉及的数据分析方法和相应模型，为下章假设检验提供基础

第 6 章　数据分析与结果讨论。运用 SPSS20.0、AMOS20.0 和 Mplus 7 统计软件对收集到的数据进行统计分析和模型检验，并对研究结果进行讨论。

第 7 章　研究结论与展望。回顾主要研究相关内容，归纳所取得的研究成果，阐述研究的创新点，最后分析研究中还存在的不足之处以及在未来进一步的研究方向。

1.5 研究方法与结构安排

在文献收集与分析的基础上，对供应商创新性的内容机构及制造企业有效利用供应商创新性进的机制行调查与分析，采用定性与定量研究相结合的方法分三阶段展开研究：

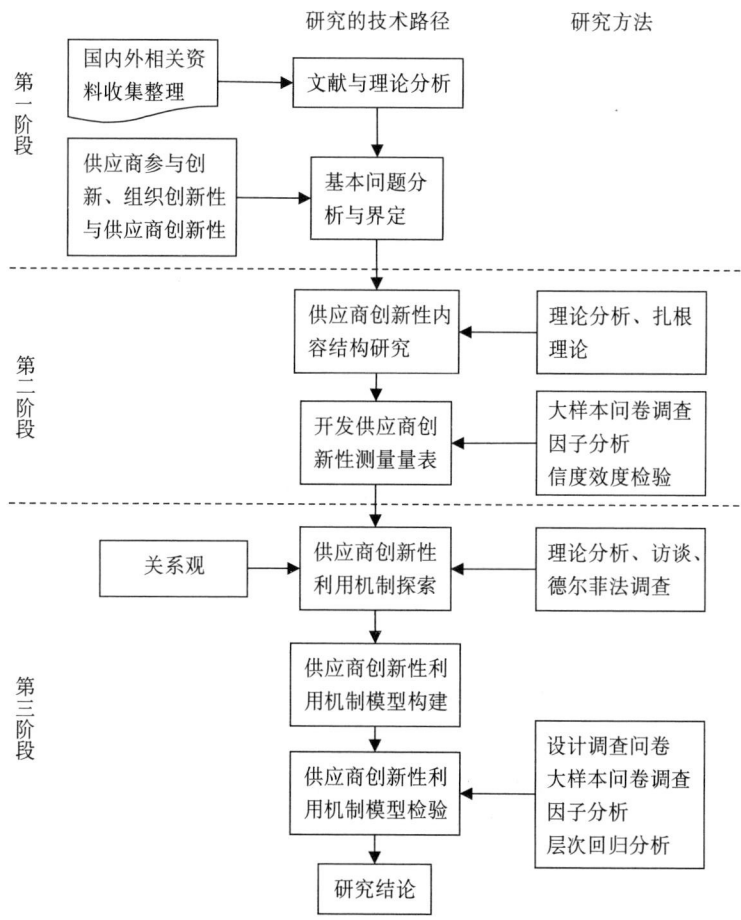

图1-1 研究技术路线

第一阶段：在分析已有文献与理论的基础上，基于组织创新性与供应商创新性相关研究，深入探索供应商创新性内涵，对研究的基本问题进行清晰分析和界定，形成研究的理论基础。

第二阶段：参考 Azadegan 和 Dooley（2010）、Ruvio 等（2013）、Schiele 等（2011）以及 Azadegan 等（2008）供应商创新性及组织创新性相关文献，分析供应商创新性内涵。采用扎根理论研究方法，通过开展个人深度访谈和焦点小组访谈，收集供应商创新性的原始语句，并利用扎根理论中编码和分析技术对收集的文本资料进行编码分析和范畴提炼，挖掘供应商创新性的解释构架，并形成初始测量项目库，进一步对所收集数据进行分析和范畴提炼，形成初始的供应商创新性因子结构和初始测量量表。根据上述初始测量量表，选取我国 10~15 家大中型制造企业 CEO、主管生产与采购的副总、主管技术与研发的主管、供应链副总、采购与供应主管等中高层管理人员为调查访谈对象手机数据，采用极端组检验法对初始量表进行预测试，根据预测试结果，再次分析已有文献修改、补充初始量表，形成正式问卷。随后采用判断抽样法对我国汽车制造、电子设备制造、电气机械及器材制造、航空航天器制造等高技术行业的制造企业发放问卷。通过电话、电子邮件和现场发放等方式最大限度保证所收集数据的可靠性。利用 SPSS20.0 和 AMOS20.0 统计分析软件对所收集数据进行探索性和验证性因子分析，深入提炼和验证因子结构，并检验量表的信度和效度，确定供应商创新性内容结构与测量量表。

第三阶段：依据关系观研究成果，在对供应商创新性进行理论分析的基础上，探讨企业创新过程中供应商创新性的利用机制，构建利用供应商创新性提高企业创新绩效的机制概念模型。运用上述开发的供应商创新性测量量表和以往成熟的其余变量的测量量表设计试问卷，对试问卷进行预测试之后确定正式问卷。运用类似前述大样本问卷调查的方法收集实践数据，采用 SPSS20.0、AMOS20.0 和 Mplus 7 统计分析软件，采用验证性因子分析验证量表的信度和效度，运用层次回归分析法进行假设检验，探明产品创新过程中供应商创新性的利用机制。

第 2 章　开放式创新与供应商参与创新的理论与实践

2.1　开放式创新与供应商参与

2.1.1　开放式创新内涵

如今逐渐增长的企业和顾客间的合作、短的产品生命周期和高的市场动态性是开放式创新管理兴起的社会经济基础，开放式创新是创新管理相关研究的重要议题，在经济学、心理学和社会学等领域均有广泛研究（Huizingh，2011）。开放式创新与以往传统、垂直的研发整合模式，即产品由企业内部开发不同，开放式创新的基本前提是开放创新过程，开放式创新是对有目的的使用流入和流出的知识以促进内部创新，并且将创新用于外部以拓展市场（Chesbrough，2006）。第一个过程是内向型开放式创新（inbound open innovation），是知识由外而内获取的过程，将外部知识用于企业内部，包括外部合作伙伴、供应商、顾客、高校和科研机构；第二个过程是外向型开放式创新（outbound open innovation），是知识由内向外扩散的过程，指内部知识通过出售专利、直接授权或者其他途径向外部利用的过程。开放式创新通常与封闭式创新做对比，封闭式创新是企业产生创新观点，然后对观点的开发、构造、营销、服务和经费等都是由企业内部支持。现实中大多数企业没有遵循完全的封闭式创新方式，其内部和外部创新的大量发展使得创新过程需更加开放。在更广泛的开发环境中，社会和经济方面工作方式、劳动分工、市场制度和新技术方面得到发展。企业解决创新问题所需要的知识分布于其他企业中并且具有黏性，企业越来越依赖于获取外部知识并与拥有相关知识的个体或其他组织合作，将这些知识用于企业创新过程中。现有研究对开放式创新未有统一定义，Gassmann 和 Enkel（2004）认为开放式创新意味着企业需开放自己的稳定边界以保证有价值的知识从外部流入，为与外部合作伙伴、顾客或者供应商合作创新过程提供机会。Perkmann 和 Walsh（2007）认为创新是分布式组织间网络的结果，而不是来自于单一企业。West（2006）将开放式创新定义为系统地鼓励和探索广泛的内外部知识进行创新，有意识地将探索的知识与企业能力和资源进行整合并通过多个渠道展开应用。Terwiesch 和 Ulrich（2009）认为越来越多的创新过程依赖于外部成员，企业从多个可选成员中选择最优成员进一步合作创新，是合作创新的重要方式。开放式创新的定义阐述了三个方面的内涵：①开放式创新是一系列促进知识流入和流出的实践，因此开放式创新包括内向型和外向型两个维度的创新过程。②研究认为追求开放式创新需要组织和创新过程边界的渗透以保证成功进行创新。③开放式创新是一把雨伞，将大量现有行为囊括、连接和整合起来。开放式创新作为新兴领域受到学者广泛关注，该领域相关研究从最初的理论分析到随后定性的案例研究，逐渐向实证研究发展（Carlsson 等，2011）。

开放式创新早期研究集中于研发过程，现有开放式创新研究已超出研发领域并产生许多新的观点。企业上游供应商对其创新具有重要影响，供应商早期整合于企业创新过程中能够显著影响企业创新绩效（Gassmann 等，2010）。企业与上游关键供应商合作将受益于供应商的专业知识，使供应商参与进企业新产品开发过程中，是与供应商合作创新的重要方式。供应商能够为企业提供技术解决方案和工艺创新方面的新观点，在提供物料的基础上为企业提供所需的知识和技能，是企业新知识和创新观点的重要来源。

2.1.2 开放式创新与采购管理演化

现有研究表明，在过去十年中，企业关注自身核心能力而将其他活动外包，使得采购的营业额得到显著增长，进而提高了采购职能对企业的影响，特别是当企业千方百计控制所有支出。企业采购与供应管理对其创新成功具有重要作用，大量企业所必需的技术和资源都来自于其边界之外（Kanda 和 Deshmukh，2008）。采购与企业重要的竞争优先权，例如成本、质量、时间和柔性等紧密相关（Krause 等，2001）。创新作为重要的竞争优先权之一，现有研究开始关注采购职能或者采购专家在企业新产品开发过程的作用（Van Echtelt 等，2008）。好的内部协作需要有效外部协作，早期采购参与意味着早期供应商参与，否则供应商对创新的贡献自然受到限制（Schiele，2006）。新产品开发相关研究中学者逐渐开始关注采购部门与供应商参与企业创新的重要作用（Atuahene-Gima，1995；Nijssen 等，2002；Wynstra 等，2003）。

创新是大多企业成功和可持续发展的关键，开始从纯粹的内部能力演化为与外部供应网络成员合作交互的结果，开放式创新概念的发展更加关注两个方面，一是更加关注价值链的优化和交互，二是更加关注创新过程中供应伙伴对创新更广泛的作用。然而实践中这两个方面发展没有期望的突出，实践中采购在管理供应商参与创新中的作用也非常有限。企业注重通过利用外部更广泛知识基础作为自身创新来源从而促使创新变得更加开放，特别是利用自身供应基促进创新，逐渐注重识别和建立与自身有互补能力的供应商，通过与其合作为企业带来价值。基于此，企业和供应商透过更加创新的价值链，通过共同开发过程创造创新性更高的产品。在开放式创新背景下，采购扮演的新角色使得研究需重新定义采购活动。传统采购部门关注物料供应、契约范围和通过规范的采购分类降低运作供应风险等。企业采购职能在创新中的作用受到来自采购和契约供应商的成本和风险控制的制约。在成本减少和产品价值创造基础上，供应商参与企业研发活动，企业的采购职能开始发生转变，成本和风险控制在某种程度上要为企业创新做出让步。传统的采购目标（例如节省材料、连续供应、契约范围和承诺等）与创新目标冲突，这些冲突可能不利于最终产品、延误创新项目。

开放式创新为企业创新战略提供了一个认知框架（Chesbrough 等，2006），企业要实现创新，需认识到采购在企业创新中的重要作用。企业采购职能能够在追求创新目标的同时支持业务战略，例如加速设计和产品发布周期、提高产品/服务性价比以及增加最终顾客的满意度。企业采购职能对其创新具有重要贡献，首先供应商作为企业知识和技术的重要来源，采购部门是企业与供应商互动的重要界面，有助于企业寻找提高创新能力的稀缺资源。由于大多数供应商仅仅根据契约完成制造企业需求，企业要实现市场和技术所需的知识的创新，除了寻找正确的供应商，制造企业需要具有足够的自我吸引力吸引供应商以保证企业获得资源。其次，采购部门在企业整个创新项目中都有参与，采购部门需要重新进行价值定位，与以往追求节约物料、遵守合同和风险减少不同，采购部门在管理供应商参与企业创新中将更加关注上市时间、产品成功和项目有效性等。并且在创新早期企业面对不确定的环境时，采购部门需与相关组织、人员和流程等方面做出相应适应。最后，企业采购部门帮助其协调并管理供应商参与企业创新，采购作为企业和供应基交互的界面，能够监督供应商与企业的合作并保证合作顺利进行（Lakemond 等，2001；Schiele，2010）。

现有研究中，供应商参与进企业创新中采购部门的贡献已经得到广泛证实（Wognum 等，2002）。Nijssen 等（2002）探讨采购参与企业新产品开发的驱动因素，例如采购者的技能和高层管理者的承诺。Schiele（2010）应用 Cooper 和 Kleinschmidt（1995）提出的基准模型定义新产品开发中的最优采购实践。Luzzini 和 Ronchi（2011）采用多案例研究的方法，探讨组织如何设计采购部门使企业有能力促进并管理创新。企业认识到采购职能和供应商在创新过程中的重要作用，供应商的关系不局限于物料供应与成本控制，而拓展到创新领域，企业产品和工艺创新过程中，供应商是制造企业供应链的重要环节，由于供应商了解制造企业的需求和运作，供应商具有重要的创新潜力，是企业创新的重要来源，企业与供应商合作创新是开放式创新的真实应用。

2.1.3 供应商参与企业创新的发展

供应商作为制造企业开放式创新的重要来源（Su 等，2009），在企业产品和工艺创新过程中集成供应商创新以提升企业创新能力和创新绩效受到企业和学术界的广泛重视（Lynch 和 Steve，2007；Weigelt，2012），企业创新过程中集成供应商为企业缺乏的知识和技术提供重要补充，双方合作进行创新也很大程度促进产品开发周期的提升，集成供应商创新在国外文献中又被学者称为"供应商参与新产品开发"（supplier involvement in newProduct development，SINPD）（Wynstra 和 TenPierick，2000）。由于供应商拥有专业的生产和工艺能力，在如今企业面临日益复杂的产品开发中尤为重要，供应商参与新产品开发是企业创新成功的关键。供应商参与新产品开发指供应商在企业产品开发全过程都有可能参与，为企业提供所需的知识和资源，并在该过程中承担一定程度的产品开发相关零部件和子系统的设计和生产责任，系统实现企业产品、工艺与服务的改进与创新（Johnsen，2009），已成为企业提升竞争优势的重要战略选择。制造企业与供应商在新产品开发过程合作，双方建立长期合作伙伴关系，相互信任、承诺和开发沟通的水平较高，供应商参与新产品开发增强供应商设计责任，放宽产品设计范围，包括更加复杂的装配或有清晰界面的产品功能模块（林筠和李随成，2009），能够降低企业的研发风险和成本，增强双方合作并促进知识共享（Koufteros等，2007），对缩短研发周期和提升产品研发成功率具有重要影响 Carr and Pearson（1999），此外供应商参与新产品开发也有助于提升企业自主创新能力和技术创新能力（李随成和姜银浩，2009）。

供应商参与企业产品开发的研究始于日本制造企业经营绩效为何优于美国制造企业的疑惑，受到企业管理者和学者的关注和深入探讨，探索发现供应商参与企业产品创新是造成该差距的重要原因之一。日本汽车制造商在新产品开发的周期、柔性、成本、质量等方面具有更大的优势和更高的效率（Clark，1989；Imai等，1985）。随后很多学者在汽车行业和计算机行业对日本和西方制造企业进行对比研究，发现供应商参与新产品开发仍是造成双方经营绩效差距的关键因素。Cusumano和Takeishi（1991）通过探索"日本模式"在美国制造企业的应用情况，发现尽管美国制造企业也在早期实行供应商参与，但是相比之下日本企业的供应商早期参与程度更深，同时日本企业对"黑箱"供应商参与的依赖度高，而供应商选择行为则晚于美国制造企业。Nishiguchi（1994）基于前期研究，认为企业产品开发过程中可以让供应商不同程度进行参与，企业和供应商合作关系可以分为合作伙伴、成熟伙伴、追随伙伴和契约伙伴四种关系。供应商参与时机、参与程度以及供应商选择逐渐受到研究的关注。

至20世纪90年代末，供应商参与新产品开发涌现出跨行业的研究，正式供应商参与对企业创新绩效的影响，同时也提出许多管理挑战。Bidault等（1998）关注供应商参与时机，并提出早期供应商参与（early supplier involvement）概念，供应商在早期设计中努力参与是提高企业设计和制造的关键因素。此外，研究还强调供应商选择和评估是供应商参与新产品开发成功的重要因素（Hartley等，1997；Wasti和Liker，1997），Hartley等（1997）发现企业让具有强技术能力的供应商参与产品创新能够减少设计延误风险，然而供应商选择和评估仍不是企业优先考虑的重点。并且，该早期供应商参与相关研究中，提高供应商的沟通和设计责任对企业项目延误降低相关绩效的影响未得到证实。

20世纪初，供应商选择过程和适应相关研究仍得到持续发展（Koufteros等，2007；Petersen等，2005；Song和Di Benedetto，2008），供应商早期参与战略的分析中供应商选择和评估是重要环节，Petersen等（2005）建议供应商选择过程应该强调供应商能力和文化的互补性，还强调"灰箱"供应商参与企业技术指标和目标制定的重要性。Koufteros等（2007）认同上述论证并指出不仅供应商选择和资格对企业产品创新非常重要，供应基合理化和供应商嵌入性也同样重要。Song和Di Benedetto（2008）同样证实供应商参与对新产品创新绩效具有正向影响，并且供应商专用性投资增强该影响关系。现实中也有许多企业开展了大量的供应商参与企业创新实践活动。近年来，许多学者以产品开发项目为研究对象，通过案例、实证和比较研究对SINPD的过程管理（Van Echtelt等，2008）、供应商参与的动机（Wynstra和Van Echtelt，2001）和关键成功因素（Ragatz等，1997）及供应商在创新中的作用（Wagner，2010）等进行广泛研究。现有供应商参与企业产品创新相关研究中，识别和选择合适的供应商，有效利用供应商的创新知识和能力，是制造企业利用外部供应商知识进行创新持续关注的重点。

2.2　供应商参与创新与企业创新绩效

2.2.1　供应商参与创新的需求与管理

如今企业面临产品和工艺技术的复杂性使其不能仅依靠自身开发新产品，企业更倾向于建立研发合作关系和纵向联盟来补充水平联盟和跨行业伙伴关系，然而，早期研发伙伴关系和联盟的研究主要关注降低成本，随着国内外竞争的日趋激烈，研究开始逐渐关注这些企业间关系如何加强价值创造（Gassmann等，2010）。供应商作为企业上游重要的合作伙伴，通过物资供应与企业建立合作关系的同时，所掌握的先进知识和技术直接影响着制造企业的产品性能，对企业竞争优势的提升具有重要作用。为追求创新，制造企业常常从单一或者少数供应商处购买核心零部件并与其建立紧密的合作关系，创新即成为制造商-供应商合作过程的产物，源自供应商参与企业产品创新过程或者产生于持续改进过程，供应商创新相关研究得到企业和学术界的关注。

1. 供应商参与创新的重要性与创新需求

供应商参与企业创新相关研究首先探讨供应商参与的重要性，在此基础上将关注点深入到供应商参与创新的需求方面，主要采用案例研究探索企业创新过程中如何能够使供应商更有效参与。供应商参与创新重要性相关研究以不同方式讨论供应商的创新知识、技术和能力等方面对制造企业的重要性。Spaeth 等（2010）通过一个开放式创新的推动模型拓展现有的开放式创新文献并关注供应商创新。认为知识可以由企业外部个人和组织主动创造并推动知识运用于企业开放式创新项目中，企业的慷慨程度、持续承诺、自适应治理结构和低的计入壁垒都是开放式创新推动模型实施的重要情境。Knudsen（2007）提出外部成员的互补性知识对创新绩效具有重要影响。这一结论得到 Talke 和 Hultink（2010）的支持，该研究认为顾客、供应商和竞争者对创新分布具有重要影响。Zeng 等（2010）认为与顾客、供应商和其他企业垂直和水平的合作比与研究机构、高校和政府部门垂直合作对企业创新具有更大作用。Song 等（2011）认为新创企业将供应商纳入自身的生产过程中有利于产品开发的成功。供应商参与企业创新中，满足供应商的创新需求是企业获取有助于创新的知识或技术的前提，创新需求要求企业与供应商合作进行创新时能满足供应商创新所要求的各种技术、方法、管理方式等。McIvor 等（2006）认为企业需考虑早期供应商参与程度，即供应商整合、信息交互和现有买方—供应商关系的深度，Pilkington 和 Dyerson（2002）指出企业需要在电动车开发中拓展现有同步工程和供应链管理方法，这些产品的需求驱使企业超出他们现有的边界拓展供应商网络到新的网络中，并认为不久的将来由于周围环境压力这个现象会变得越来越普遍。Andersen 和 Drejer（2009）通过两个案例研究探讨风机制造行业中相互竞争的供应商如何影响制造企业对供应商的参与和管理，分析分布式产品开发项目中供应商的竞争和技术专业化如何影响劳动分工中的角色、供应商间的协调方式和沟通。

2. 管理供应商参与创新

供应商的可靠性在企业创新中至关重要，供应商必须在与企业合作创新中得到有效管理，该方面研究关注如何管理供应商的创新行为。Keizer 和 Halman（2009）强调企业对供应商创新行为加以管理，并提出项目团队和企业必须寻找需要双方持续并早期关注的所有问题，在合作原则下有效管理。Duysters 和 Lokshin（2011）建议企业需管理各种不同的合作伙伴关系，像雷达一样接近并获取合作伙伴的新颖信息。当顾客需求被转化为制造企业的技术开发计划时，企业的技术开发计划会激励和规划供应链成员的创新活动，快速和准确的信息传递对新产品和工艺的开发非常重要。Vojak 和 Suárez-Núñez（2004）研究显示当信息从供应链上游向下游的产品流动时会存在很多问题，企业会基于两个选择管理供应商参与创新，一是与供应商协调技术计划避免信息共享失败，二是若由于竞争原因，来自原始设备制造商的信息受到限制，而通过丰富信息流，失败率将会降低。Van Echtelt 等（2007）强调成功的供应商参与主要依赖于协调设计、执行和评估战略的长期过程和运作的短期过程，并建议根据企业规模和环境不确定性采取不同的供应商参与方式。企业产品和工艺的成功创新与企业有效管理供应商创新紧密相关。

以上分析表明供应商参与创新重要性是企业重要的认知过程，供应商是企业重要的创新来源，而不仅仅是物料和服务提供者。然而并非所有供应的都符合企业的创新要求，很多供应商都有很大的创新潜力，企业创新过程中需要选择适合的供应商参与创新，并要求企业有效进行供应商评估以识别合适的供应商，若未做到供应商评估，企业创新过程将无法有效利用外部供应商新颖知识。对供应商的管理需要了解和认识供应商参与创新的要求，使得供应商创新能够得到企业有效的管理支持并与企业创新战略、创新合作文化、技术基本标准契合。同样地，有效利用供应商的知识和技术也需要清楚认识该方面对企业与供应商的要求，使得供应商参与创新中知识和技术的利用得到有效支持和保证。

2.2.2 供应商选择与企业创新相关研究

供应商选择是影响供应商成功参与企业创新的重要因素。20 世纪 70 年代，企业与供应商合作早期，已逐渐将管理外部资源看做企业重要议题，并基于交易成本经济学，强调成本有效性在跨边界决策与治理供应商中重要性，与供应商合作中注重谈判策略和契约竞争以降低成本。Weber 等（1991）认为早期供应商选择工作由于产品创新需要及时的技术支持，地理方面的指标更加受到重视，除此之外的指标很少有变更，对供应商选择的关注点仍停留在价格、产品质量和交付的可靠性，在随后制造企业对生产过程和产品低碳和环保的重视，供应商选择和评价时会加入环保和低碳指标（Miemczyk 等，2012）。然而在供应商参与企业创新过程中，企业采购职能面临的核心问题是选择对企业创新具有重要潜在贡献和价值的供应商。随着战略采购研究的发展，供应商被看作是企业竞争优势的重要来源，供应商关系管理与供应商参与新产品开发相关研究得到广泛关注。基于此，Handfield 等（1999）开始明确指出供应商参与企业产品开发中需要利用相应指标评估创新供应商。除了显示早期供应商参与的益处，供应商参与相关研究指出供应商参与还能为企业提供间接的收益，例如频繁的面对面沟通（McGinnis 和 Vallopra，1999）。该发现意味着相比于距离较远的供应商，企业与日常容易沟通的供应商进行互动时，供应商对企业创新性的贡献会更高。这一发现表明供应商与企业距离越近，越能够被有效整合于企业创新中，为企业创新性做出更大贡献。另外，提供高价值零部件和复杂零部件的供应商将受到制造企业青睐并参与产品创新中，这些供应商会承担"黑箱"或者"灰箱"的设计责任，企业区分供应商的作用和参与程度会提高供应商参与产品创新的效率。在供应商评估过程中，企业会根据供应商的创新能力和互补性评估供应商（Hartley 等，1997；Petersen 等，2005）。

随着创新产生于企业—供应商之间相关研究的深入（Roy 等，2004），采购在促进双方合作创新中的作用愈发受到关注。作为采购职能的重要活动，为企业成功进行产品和工艺创新评估、识别以管理供应商是企业创新成功的关键。供应商参与企业创新过程中，企业根据创新选择供应商需要与以往不同的指标，不能局限于成本和交付等方面。供应商评估实践中，多数企业在产品创新中选择不同指标评价供应商，然而由于企业物料供应的复杂性，只有 17% 的企业在评价供应商时选择指标"开发潜力"对供应商的开发能力进行评估（Johnsen，2009）。Choi 和 Hartley（1996）认为以往供应商的选择并未考虑供应商在供应链中的地位,通过探索汽车行业企业供应商选择实践并利用"供应商渐进式提升"度量工艺创新。这些早期的研究某种程度上与现有研究形成对比,现有研究证实供应商的创新能力作为供应商选择的重要方面愈发受到制造企业的重视,企业也越来越重视创新供应商在自身用作中的价值。然而现有研究较少针对企业产品和工艺创新提出供应商具有哪些特性更能促进企业创新能力的提升,对创新型供应商的认识仍显不足,以至于企业创新过程的供应商的选择和评估仍停留在直觉和运气方面,而没有系统的分析和计划。制造企业期望自身创新能够受益于供应商的先进知识和技术的前提是针对企业创新识别合适的供应商,如何评价并管理创新型供应商成为如今供应商参与企业创新相关研究的重点。

2.2.3 供应商参与创新对企业创新绩效的影响

供应商参与企业创新相关研究强调企业能够从供应商参与中受益。供应商参与对企业内部能力和绩效具有重要影响,是促进企业产品和工艺创新的重要方式(Ruuska 等,2013)。供应商参与创新能够极大程度减少后期设计修改、返工的成本,企业间的紧密互动与信息交流使得产品开发柔性更高,也推动了企业间长期合作关系的建立(McIvor 等,2006)。Lau 等(2007)在分析产品开发、供应链管理和系统论基础上,通过收集香港 251 家制造企业数据探讨组织如何通过整合供应商提高企业创新绩效。Un 等(2010)通过分析西班牙 781 家制造企业与高校、供应商、顾客和竞争者研发合作对产品创新的影响,研究结果表明企业与供应商的研发合作对产品创新的影响作用最大。Wynstra 等(2010)通过对瑞典汽车制造企业研究发现供应商产品开发活动受到供应商创新战略和在供应链中的位置的影响。Zeng 等(2010)对中国 137 家中小制造企业进行调查,探讨不同合作网络对中小企业创新绩效的影响。研究表明,不仅大型高科技企业需与供应商合作进行创新,中小企业也开始寻求与供应商合作提高自身创新能力。

在供应商参与对企业创新绩效的影响研究中,Knudsen(2007)发现与外部伙伴共享知识对企业创新绩效具有正向影响。Lau(2011)认为产品模块化、产品创新性和内部协调等情景因素能够促进供应商参与,进而提升新产品绩效。Lawson 等(2015)探索战略供应商如何影响核心企业新产品优势,企业如何组合不同资源以获得这些优势，认为供应商技术绩效对企业新产品优势具有显著影响。Cruz‑González 等（2015）基于开放式创新和吸收能力相关研究，探讨企业利用正式联系策略如何在新产品开发中对外部知识（供应商、顾客、竞争者和高校）获取产生不同的影响，研究显示正式的联系策略对供应商知识获取具有正向影响，提升企业新产品开发和新产品的新颖性。而亦有研究提出相矛盾的观点，Swink 等（2007）指出供应商集成负向影响运作绩效，在新产品开发过程中供应商参与能够带来新产品开发项目的成功的同时，这些过程却需要更多的资源和时间（Von Corswant 和 Tunälv，2002），拥有核心技术的供应商顾虑知识溢出，不情愿与企业共享知识（Lau，2009），供应商参与企业创新的较高失败率导致企业创新止足不前。相矛盾的结果表明该做法并未直接影响企业创新绩效，基于此，研究关注的重点逐渐转向供应商创新的产生过程，企业为有效提升产品创新效率，有必要寻找有效途径利用供应商的技术和能力，并指出供应商创新性（Supplier Innovativeness，SI）能够显著影响企业创新绩效（Azadegan，2011；Bengtsson 等，2013），企业有效利用供应商创新性无疑成为企业成功实施创新的关键。

2.3 供应商创新性的利用与管理

2.3.1 创新与组织创新性

企业创新包括商业模式、产品、服务、工艺和营销渠道等多种形式，各方面的创新保证企业在激烈的竞争中保证长期增长和生存，特别是高复杂和动荡的环境中。创新是组织内或组织间知识共享和利用的结果（Nielsen 和 Nielsen，2009），创新可以是新观点、新产品或新方法，早期测度组织创新性利用组织是否采用创新、采用创新的时间、采用创新的数量、研发支出的水平等指标的相关研究并未针对具体的行业区分组织创新性的特征，并且只是在某个时间点评估创新性，认为在某个时间点所评估的创新性组织随着时间的推移仍具有创新性，忽略了不断变化的环境对组织创新性的影响，未考虑创新性的持续性（Salavou，2004）。此外，现有创新相关研究不仅停留在微观的产品层面,而是逐渐重视宏观的企业层面,企业亦将持续创新作为组织运营的重要目标(Siguaw 等,2006)。企业由于不断创新而长期生存并非基于特定的、不连续的创新,而是归因于整体的、组织层面的创新能力,即组织"创新性"(Walsh 等,2010)。Lynch 等(2010)指出组织创新性概念和测量上的不一致性导致供应商创新性相关研究结论的冲突,Wang 和 Ahmed(2004)认为导致概念和测量上的不一致的原因在于组织创新性单维概念忽略了该领域多方面的特征,或创新的多种来源,包括企业层面创新性的内部要素和创新结果相关输出的测量。

组织创新性反映了组织致力于并支持新观点、新方法、试验和创造过程,为企业带来新产品、服务和技术流程(Lumpkin 和 Dess,1996)。广义上讲,创新性产生于企业从简单的意愿到不断尝试并掌握开发新产品、新技术的连续过程中(Salavou,2004)。组织创新性受到广泛研究以来,学术界对组织创新性的认识也在不断发展。早期战略管理领域研究中对组织创新性的定义及测量集中于企业是否采取创新、企业采取创新的时间、采取创新的数量、创新支出等,将组织创新性看作是单维度的概念,但这些测量方式受到异议——企业采取的时间也许由供应商决定,并且采取单一创新的时间并不能代表其他创新,采取创新的数量并不能决定企业对创新的利用率,企业较高的创新支出不一定能够成功取得创新,基于以上种种原因,利用单个指标测量组织创新性并不具有典型性和代表性(Avlonitis 等,1994;Salavou,2004)。

Hurley 和 Hult(1998)认为组织创新性是组织对新观点的开放性,是组织文化的一方面,强调以学习、开发和参与决策等方面为特点的企业文化,并将创新性与创新能力进行区分,认为创新性是创新能力的前因,创新能力是组织成功获取或实施新观点、工艺和产品的能力,通过组织成功产生或采取的创新的数量测量。该研究成果利用采取的创新数量测量创新能力,实际上试图区分创新性和创新,而非创新能力。Hult 等(2004)将组织创新性看作企业引入新工艺、新产品和新观点的能力。现有许多研究试图区分创新性和创新能力,但两者关系并不明确,究其原因,组织创新性是面向创新的企业层面导向(firm-level orientation),创新是结果导向(outcome-oriented measure)的测量,指成功通过实现新的或改进的产品、工艺和系统将新观点和新知识转化成价值,因此创新才是组织创新性的结果(Ruvio 等,2013)而并非创新能力。早期 Trott（1998）将创新能力定义为，创新能力是企业创造创新产出的潜力，现有组织创新性相关研究中利用组织采用的创新数量测量创新能力与早期创新能力的概念一致性较低。此外，仅仅将创新性看作企业的文化并将其作为创新能力的前因，同样不足以表述组织创新性的最初含义。Slater 和 Narver（1994）将创新性看做是促进组织绩效的核心价值创造的能力之一。Rogers（1995）认为组织创新性是组织行为变化的指标。Subramanian（1996）强调组织创新性的持久性和一段时间内组织持续创新的能力。Wang 和 Ahmed（2004）认为组织创新性是企业将新产品引进市场的整体的创新能力，或者是将战略导向和创新行为、过程相结合开放新的市场。Menguc 和 Auh（2006）认为创新性是企业采用新观点的倾向、接收力。Siguaw 等（2006）认为企业创新导向产生的一系列创造创新的能力形成了企业的创新性。Ruvio 等（2013）认为组织创新性反映组织特质，是能够为组织持续产生新观点、新产品提供环境支撑的组织氛围（climate），也就是说组织创新性反映了组织创造创新产出的活动，具有高度创新性的组织更倾向于实施或采取更多创新。Lynch 等（2010）指出，组织创新性在概念和测量上的不一致导致现有研究的冲突和非可比数据。因此许多学者认为组织创新性是一个多维度概念（Salavou，2004；Wang 和 Ahmed，2004），多维度概念有助于从多方面掌握组织创新性并且提供更复杂的理论视角、更好地理解组织创新性各维度间的相互关系、为评估与组织创新性相关行为提供更精确的评估工具（Ruvio 等，2013）。Wang 和 Ahmed（2004）从组织创新性结果角度提出组织创新性从产品创新性、市场创新性、工艺创新性、行为创新性和战略创新性五个方面阐释组织整体创新能力。Lynch 等（2010）提出创造力、对新观点的开放性、创新意向、乐于冒险以及技术创新能力五个维度。Ruvio 等（2013）认为组织创新性是企业长期生存的关键，取决于组织创造力、开放性、未来导向、冒险以及先动性五方面，并在三个国家背景下得以验证。

2.3.2 供应商创新性

开放式创新研究的兴起使得创新性的研究逐渐跨组织边界向组织之间合作领域渗透，供应商是制造企业创新的重要来源。基于上述组织创新性的研究成果，在供应链管理领域，继 Azadegan 等（2008）研究之后，国外学者逐渐对供应商创新性展开探讨。组织创新性相关研究为供应商创新性概念的提出及发展提供了重要的理论借鉴，供应商作为独立组织，其自身创新特征是供应商创新性的重要体现。

现有研究为深入探索供应商创新性构念的复杂性，从采购竞争优先权、如何识别创新型供应商、供应商创新性前置因素等多方面对其展开研究。Krause 等（2001）利用单维量表对采购竞争优先权中创新型供应商进行测度，为认识创新在战略采购中的重要作用及供应商创新性的含义提供指导。在此基础上，Azadegan 等（2008）借鉴组织创新性理论，指出供应商创新性是供应商开发和引进新产品或新工艺的能力，仅进行理论阐述而没有展开实证研究。Azadegan 和 Dooley（2010）进一步借鉴组织创新性的测度，将供应商创新性视为单维构念。随后，Azadegan（2011）聚焦于供应商运作创新性，认为供应商运作创新性是供应商能为制造企业提供的间接价值，是供应商在生产阶段引进新工艺和方法的潜在能力，包括供应商产生新生产方法、新工艺方法和新工艺技术的能力和意愿，从运作角度探索供应商创新性并将其看作单维构念，未能全面分析其复杂构成。Inemek 和 Matthyssens（2013）则认为供应商创新性是供应商产生和实施新观点、新方法和新运作方式等的能力并且体现在新产品、新工艺和新技术的投资方面，利用组织学习理论和关系观探讨制造商—供应商关系中供应商创新性的驱动因素。

供应商除能提供先进的产品和技术外，与制造企业长期合作过程中，供应商与制造企业互动能够有效促进双方合作创新（Roy 等，2004），制造企业与供应商的合作关系中所体现的供应商创新性特征也逐渐成为供应商创新性研究关注的重点。Pulles 等（2014）从供应商技术特征、合作态度、关系特征三方面探索制造企业如何识别创新型供应商，但是关系特征中的制造企业优先客户地位及供应商开发项目两方面着重强调制造企业对供应商所付出的努力如何提升供应商自身创新，并未真正捕捉到供应商创新性在合作关系中体现的概念特质。Bengtsson 等（2013）认为供应商创新性是供应商所拥有的独特资源以及与其他合作伙伴共享信息的程度，并探索如何通过知识整合利用供应商创新性，但并未清晰阐释合作关系中供应商所能做出的贡献。Schiele 等（2011）认为从制造企业视角，供应商的研发和技术行为以及供应商支持合作产品开发和工艺提升的意愿决定了供应商创新性，将其视为单维构念。

尽管现有研究已借鉴组织创新性理论对供应商创新性的内涵做出初步探索，且已有初步认识，但供应商创新性强调制造企业与供应商之间伴随物料供应所形成的特殊关系及制造企业对供应商所具备资源管理利用的特殊性，这些特性使供应商创新性表现出独有的特点，也就意味着供应商创新性不能仅通过简单修正和延伸已有组织创新性的概念和测量使其适用于制造商—供应商合作创新情境中，应更注重制造企业与供应商合作过程中供应商所体现出的创新性（Inemek 和 Matthyssens，2013；Jean 等，2012；禹文钢和李随成，2016）。因此，现有供应商创新性研究的不足之处在于：首先，仅借鉴组织创新性研究，将供应商作为独立组织探讨其自身创新性对制造企业创新的作用，而忽视了与企业合作过程中所体现的供应商创新性的特殊性。其次，基于组织创新性及 Krause 等（2001）对采购竞争优先权中创新型供应商的测量，现有研究均将供应商创新性视为单维构念，无法体现供应商创新性多方面特征，而多维度概念有助于制造企业从多方面评价并管理供应商并提供更复杂的理论视角，此外缺乏成熟有效的供应商创新性量表也限制了定量实证研究的开展，难以为供应商参与制造企业创新提供具体实践指导。

2.3.3 供应商创新性管理相关研究

尽管供应商参与制造企业产品创新对企业创新存在积极影响。然而，有研究提出相矛盾的观点，在新产品开发过程中供应商参与能够带来新产品开发项目成功的同时，这些过程却需要更多的资源和时间（von Corswant and Tunälv 2002），Swink 等（2007）指出供应商集成负向影响运作绩效。出现矛盾结果的原因在于，供应商参与新产品开发成功与否还与供应商的创新能力和制造企业有效管理有密切关系（Wagner and Hoegl，2006）。

现有供应商参与新产品开发相关研究大多集中于供应商参与的重要性以及实现供应商参与创新所需要的支持（Helfat 和 Winter，2011），尽管许多学者关注供应商参与产品创新对企业的积极影响，供应商的创新能力与供应商参与制造商—供应商关系的产出存在相关性（Verhees 和 Meulenberg，2004），但同时也表明该做法并未直接影响企业的产品创新绩效。因此，对供应商创新性的有效管理和利用，成为实现企业产品创新的关键。关于创新性的管理，Jean 等（2012）探讨供应链中的制造商和供应商之间的关系如何促进创新形成。研究指出供应商市场知识获取、关系学习、系统协作以及技术不确定性是供应商创新形成的前因变量，并最终促进了企业与供应商的关系绩效。Winter and Lasch（2011）通过文献研究和理论分析的方法，对获取并成功实现供应商创新所必需满足的要求和条件进行了深入的理论研究，并提出一个涉及企业内部相关和企业间相关的供应商创新"推和拉"框架。研究指出，企业不应该仅是等待，必须主动要求并刺激供应商创新；企业相关的要求必须被满足以保证采购部门成为供应商创新的通道；全面、系统的供应商管理；关系相关的要求必须被满足以克服供应商创新障碍；遵守项目相关的要求以支持创新合作。Winter 和 Lasch（2012）认为企业只有首先完成对供应商创新性的评估，才能确实对供应商创新性的利用，并通过案例研究的方式探索出企业实现对供应商创新性进行评估的必要条件。Schiele 等（2011）探讨供应商创新性和供应商定价的前置因素，供应商能力和供应商首选客户两个因素对供应商创新性有显著正向影响，供应商首选顾客的地位对供应商善意的议价行为有显著正向影响。梳理已有研究发现，近年来关于供应商创新性管理的研究大量关注如何促进供应商创新能力的提升，探讨促使制造商—供应商合作过程中创新产生的驱动因素，供应商创新性的提升是提高企业创新绩效的前提，为企业对供应商创新性有效利用奠定基础。

2.3.4 制造企业利用供应商创新性相关研究

评价选择并有效增强供应商创新并不是制造企业的最终目的。激烈市场竞争迫使制造企业不得不想尽方法吸收新资源、利用外部能力提升自身创新能力，也即利用供应商创新性转化为制造企业创新能力才是制造企业关注、重视供应商创新性的根本目的。创新是组织内或组织间知识获取、共享、利用的结果（Nielsen 和 Nielsen，2009）。制造企业与供应商合作进行产品创新时，创新产生于双方交互关系中（Roy 等，2004）。通过对现有文献的梳理，现有研究对供应商创新性的利用进行了初步探索，Wagner（2012）利用组织学习理论、知识观和交易成本理论，探讨供应链管理者在模糊前端阶段如何与供应商合作以在新产品开发中更好地利用供应商的知识和能力。研究显示供应商整合于模糊前端对核心企业新产品开发产出具有显著正向影响。关系专用性投资和供应商整合于新产品开发阶段两方面负向调节供应商整合于模糊前端对核心企业新产品开发产出的影响。Azadegan（2011）利用关系观理论分析供应商的运营创新性和企业制造绩效之间的关系。从关系观的角度，利用制造商—供应商互补性能力和关系专用性资产分析运营创新性与制造商绩效之间的关系；供应商评估项目作为有效治理的工具、制造商吸收能力作为加强知识共享规则的工具，对两者之间关系起正向调节作用。Luzzini 和 Ronchi（2011）认为，制造企业越来越依赖于其供应基增强自身的创新潜力。利用多案例研究方法，探索企业如何设计采购部门能够决定企业培养和管理创新的能力。研究识别并分析三个采购部门构型对企业培养和管理创新的影响。分析已有研究发现，尽管已有学者试图帮助企业开发利用供应商创新性，但在制造商—供应商交互进行产品创新过程中，企业供应商创新性的利用机制仍不清晰。

已有供应商参与新产品开发的研究主要集中于探索供应商参与企业产品创新的重要性以及如何支持及促进供应商创新，然而具备创新能力的供应商能否有效促进制造企业产品创新取决于其创新性是否被制造企业有效利用。梳理并分析已有研究发现，尽管已有少量研究试图帮助企业利用供应商创新性，但供应商创新性的利用机制仍不清晰，存在以下不足，首先，已有研究主要探讨供应商创新性对企业创新的直接作用，忽视了供应商创新性的利用是企业和供应商互动保证供应商创新性有效转移和应用的过程，而难以揭示供应商创新性影响企业创新绩效的内部作用机制。其次，现有少量研究从知识基础观、组织学习等角度着眼于制造企业行为对供应商创新性利用的作用，未同时探讨企业期望供应商在该利用过程所应作出的支持，而关系观强调制造企业与供应商合作能够创造单方面所无法创造的价值，该价值创造需要双方共同努力实现，制造企业与供应商合作进行创新需要双方共同努力促进供应商创新性的利用。此外现有供应商创新性及利用供应商创新性研究成果均聚焦于西方发达国家，关于我国情境如何有效利用供应商创新性实现产品创新，亦是需要深入探索的问题。研究基于关系观，分析制造企业和供应商在供应商创新性促进企业创新绩效中的作用，探讨供应商创新性的利用机制，实证检验供应商创新共享在供应商创新性与创新绩效之间的中介作用以及关系专用性适应、权力、关系制度和吸收能力的调节作用。

第3章 供应商创新性：内容结构探索

创新性概念自提出之后，其关注的重点逐步由项目层面拓展到组织层面（Cooper 和 Kleinschmidt，1995），组织创新性被看做是激发组织进行创新并促使其生存和成功的重要组织特性。继 Hurley 和 Hult（1998）立足于组织层面，认为创新性是组织竞争优势和绩效提升的重要前因之一后，组织创新性在管理、营销、企业家导向等学科均受到广泛关注（Tsai 和 Yang，2013）。近年来，对开放式创新现象的研究的兴起使得创新性的研究也逐渐跨组织边界向组织之间合作领域渗透。在供应商参与制造企业产品创新的背景下，企业非常注重与外部供应商的合作，创新不仅来自制造企业自身，还来源于制造商与供应商关系中双方的互动（Roy 等，2004）。但是现有供应商创新性相关研究借鉴组织创新性，仅注重将供应商作为独立组织探讨其自身创新性对制造企业创新的作用，而忽视了其与制造企业合作创新关系中所体现的供应商创新性的特殊性，从而导致对供应商创新性认识不完整和研究发展的局限。在制造企业创新过程中，供应商不仅作为独立组织应具备较强的创新性，还应注重与制造企业合作过程中所体现的创新性，供应商在为制造企业提供物料的同时需将所具备的创新资源高效用于制造企业产品创新中，促进企业产品质量提升并快速投放市场，实现双赢。正确认识供应商创新性需将供应商置于与制造企业的二元关系中，强调供应商内部具备的创新特性和作为制造企业产品创新的重要合作伙伴，供应商需具有的为企业产品创新顺利有效实施所能提供的价值，体现供应商为制造企业产品创新所做的贡献。供应商创新性的概念应融合两方面含义，从两个角度综合分析有助于深刻理解供应商创新性的内涵。

鉴于此，对供应商创新性构念的探讨应当从制造企业角度，分析供应商自身的创新性及其与制造企业合作中为促进企业产品创新顺利实施所做出的贡献。供应商创新性的复杂内涵决定了供应商创新性应是多维度而非单维度构念，有效评价和管理供应商应当建立在充分认识供应商创新性的基础上。本章主要探讨供应商网络形态构念的含义与维度，旨在为全文奠定理论基础。研究首先在分析组织创新性研究的基础上对供应商创新性进行理论分析，探索供应商参与制造企业产品创新中，作为独立组织所应具备的创新性；其次，依据关系观，以制造商—供应商二元关系为分析单元，探讨供应商创新性在合作关系中为促进创新知识的有效利用和产品创新顺利实施所做的贡献；最后，结合我国制造企业访谈结果，利用扎根理论方法探索供应商创新性结构维度，开发供应商创新性测量量表，并运用探索性和验证性因子分析检验量表的信度和效度。

3.1 供应商创新性构念的理论分析与研究方法

创新源于组织内部和外部资源的有效获取、共享和利用。作为制造企业所需知识和资源的重要外部来源，供应商参与在企业产品创新中起重要作用，供应商创新性作为企业评价和管理供应商的重要依据，对企业创新能力的提升具有重要意义。创新性是指组织开发和实施新观点、新工艺或新产品的能力（Hult 等，2004），也指企业探索新机会的意愿，或投资于新产品、新工艺或者新技术以支持新产品的开发（Menguc 和 Auh，2006）。在此基础上，供应商创新性被定义为供应商产生和实施新观点、新的做事方式、新运作方法以及投资于新产品、工艺和技术（Inemek 和 Matthyssens，2013）。Azadegan（2011）认为供应商的运作创新性是供应商产生新生产方法、新工艺方式和新工艺技术的能力和意愿。对于制造企业产品创新，供应商自身的创新对企业具有重要作用，是供应商创新性的重要组成之一。现有供应商创新性研究大多借鉴组织创新性相关研究成果阐释供应商创新性的内涵（Ruvio 等，2013），组织创新性理论为探索供应商创新性提供了重要的理论借鉴。

资源成为企业独特竞争优势来源必须嵌入于企业间共同资源和惯例中，供应链关系成为潜在的重要互补资源并形成差异化优势的重要来源（Allred 等，2011；Wang 和 Ahmed，2007）。制造企业与供应商合作创新中，供应商对企业产品创新的贡献应从广泛的合作关系中展开研究，关系观对资源基础观进行补充，为供应商创新性研究提供了有价值的视角。关系观将二元关系看作是基本分析单元，强调跨组织边界进行有价值资源的整合、创造对合作创新的重要性，组织能够获得因共同合作产生的重要的关系租金。供应商参与制造企业产品创新已被企业所广泛接受，关系观将二元关系作为分析单元，是对资源基础观的重要发展。在制造商—供应商合作关系中，供应商的价值不仅局限于 RBV 强调的供应商内部具有有价值、稀缺、不可模仿和不可替代（V. R. I. N）特点的资源，对供应商所做贡献的评估还须关注该供应商与制造企业及制造企业其他供应商的合作关系，以及如何在合作关系中创造有价值的资源。供应商与制造商以及与制造商其他供应商高效合作成为供应商价值创造的关键，是制造企业利用供应商创新性评价并管理供应商须关注的重点。

3.1.1 基于组织创新性理论的供应商创新性构念

1. 组织创新性理论

现有研究成果表明组织创新性概念具有丰富的内涵，Avlonitis 等（1994）探索组织创新性及其前因变量时认为，创新引起的创造不对称效应（asymetry - creating effect）使企业能够在竞争地位方面得到提升，而这些不对称性包括技术和行为两方面，不同程度技术积累和不同管理战略导致技术和行为的不对称性，技术和行为的不对称性是技术和组织变革的驱动力。创新就是由组织的技术和行为方面的一系列活动引起的，组织创新性代表企业的潜在能力，即企业技术和行为两方面分别表示企业对于创新的能力和承诺。组织创新性的技术方面，创新性高的企业必须较其他企业更站在技术前沿，通过对未来投资项目中面临的技术创新挑战以及对这些挑战的响应来体现。组织创新性的行为维度反映组织面向创新的可持续行为变化，该行为承诺体现组织追求新产品和服务的倾向，同时组织所表现出的持续创新行为也是创新性的重要属性之一，是企业采用的创新数量/创新率所不能代表的。此外，创新行为体现组织创新倾向，组织创新倾向鼓励组织引入新工艺、新产品和新观点。Hurley 和 Hult（1998）将组织创新性看作是组织文化的一方面，注重对新观点的开放性。组织创新性反映在企业文化价值和信念上，意为企业通过探索新机会体现出的接受不同观点的倾向、接受能力，能够鼓励员工的创新活动

（Hult 和 Ketchen，2001），支持创新战略的企业文化难以被模仿，是企业竞争优势的重要来源。Menguc 和 Auh（2006）认为组织创新性是组织致力于创新行为的倾向、接受力。组织创新性相关研究依据资源基础观，认为组织创新性是其专有的、有价值的和社会复杂性的资源，不能被其他企业所转移和模仿（Tsai 和 Yang，2013）。

随着学术界对组织创新性认识的不断深入，组织创新性相关研究逐渐注重环境的动态性对组织建立竞争优势的影响，组织竞争优势的提升不仅需考虑"静态的"资源基础观所关注的有价值的和稀缺的资源基础，还关注组织不断整合、重构、更新和重建自身内部资源的能力。动态能力观（dynamic capabilities view，DCV）是对资源基础观的发展，是组织不断整合、重构、更新和重建自身资源和能力的行为导向，更新和重建自身核心能力以响应变化环境是保持竞争优势的重点，有助于供应商自身长期绩效提升（Wang 和 Ahmed，2007），强调组织竞争优势真正的差异在于其开发和配置资源以最大化自身竞争潜力（Eisenhardt 和 Martin，2000）。基于动态能力观，组织创新性使组织能够以新方式结合和重组其隐性和显性的资产，从而产生动态能力以降低风险，利用外部机会，产生竞争优势（Tsai 和 Yang，2013；Walsh 等，2010）。Garcia 和 Calantone（2002）强调创新性的"新颖性"特性，认为创新性是新创新影响企业现有的营销资源、技术资源、技能、知识或战略的能力。在不断变化的外部环境中，组织不仅需要具备创新倾向，还需要具备不断整合和利用自身资源以适应快速的市场变化的能力，创新是持续的组织特性，真正的创新组织是能随时间和外界环境变化展现出持续创新行为的（Salavou，2004），如果没有持续的组织创新性，便无法阻止竞争者的模仿行为。

对现有组织创新性文献的梳理发现，组织创新性体现组织迫切追求创新的倾向和不断整合、更新已有资源高效实现产品创新的能力。供应商作为独立组织，具有强烈的创新倾向和较高的创新能力是制造企业对其评价并管理的依据，也是供应商能够为制造企业提供创新产品并在合作创新中支持产品成功创新的前提，组织创新性相关研究成果同样可以用于对供应商创新性作出解释。

2. 基于组织创新性的供应商创新性理论分析

组织创新性大量研究表明组织须将持续创新作为战略目标，Hurley 等

（2005）强调组织创新性为企业提供社会资本并有助于企业的创新行为，是理解如何建立创新、适应性组织的核心。认识组织创新性有助于促使管理者分析企业是如何产生创新的。鉴于研究目的和研究视角的不同，组织创新性概念界定存在一定差异，组织创新性由体现企业创新能力的技术和体现企业承诺的组织行为两方面组成（Avlonitis 等，1994），是体现企业文化和氛围的重要方面（Hurley 和 Hult，1998；Ruvio 等，2013），代表企业鼓励员工不断创新的的价值和信仰（Hult 和 Ketchen，2001），反映企业获取新观点促进新产品和新工艺创新的动力和倾向（Menguc 和 Auh，2006）。组织创新性理论借助资源基础观展开研究，资源基础观采取内向型视角，认为组织是由特殊的资源组成的异质实体，资源基础观假设创造价值的资源是由组织直接拥有和控制的。依据资源基础观，组织创新性是复杂的、不能完全被模仿的资源，是组织竞争优势的重要来源，尽管现有研究对组织创新性并没有统一的定义，但是均体现出组织创新性的整体性、持续性、不易模仿性等特征（Tsai 和 Yang，2013），真正的创新组织需随着时间持续展现创新行为。富于创新的组织能够不断鼓励员工尝试新观点、采取新行动开展业务活动（Hult 等，2004），激发创新行为，挖掘潜在创新进而发明全新或改进的新产品，组织创新性是实现创新并提升组织绩效的重要手段。

在组织创新性相关研究基础上，供应商创新性相关研究受到广泛重视（Azadegan 等，2008；Bengtsson 等，2013），供应商创新性因制造商与供应商之间物料供应关系及产品创新过程中制造商对供应商管理利用的特殊性而在组织创新性研究基础上存在一些差别，制造企业产品创新中探索供应商创新性构念借鉴组织创新性研究，强调供应商自身特征在同制造企业合作创新中所起作用。研究立足于制造企业，利用供应商创新性分析制造商—供应商互动过程中供应商所能提供的创新是什么以及创新是如何产生并被有效利用于制造企业产品创新中的。供应商能给制造企业带来的价值是多维的，除了提供物品、质量、价格等直接价值因素外，还可为企业带来诸如吸引新的顾客、提供供应网络、引入新的技术和创新工艺等间接价值（Ramsay，2005）。Azadegan（2011）认为供应商创新性是供应商的一种间接价值，包括供应商在新产品开发阶段具备的引入新工艺、新产品的潜在能力，许多研究已开始关注于企业如何识别供应商的相关创新（Wagner 和 Bode，2014），供应商在与制造企业合作产品创新中的创新潜力及所能提供的创新技术、产品是制造企业创新成功的重要要素。与组织创新性不同的是，供应商创新性从制造企业视角出发，针对供应商参与企业产品创新过程中，供应商所表现出的有助于制造企业产品创新的行为倾向和技术能力。

供应商作为独立组织，供应商创新性具备组织创新性的特征，组织创新性相关研究同样能用于对供应商创新性的内涵做出阐释（Azadegan 和 Dooley，2010；Inemek 和 Matthyssens，2013）。Wang 和 Ahmed（2004）认为，就供应商自身创新而言，供应商较关注环境熟悉程度、创新项目与企业战略匹配性、技术和市场等，而从制造企业视角探索供应商创新性，企业应更加注重供应商的创新能力、创新特性、承受风险、现有行为方式的变化程度等。供应商扮演着制造企业重要合作伙伴的角色，能够展现其不断创新的内部特质对制造企业尤为重要。仅就物料供应，具备高水平供应商创新性的供应商通过实现自身在产品、服务和工艺等方面创新的同时，能够为制造企业提供创新的零部件，有助于企业产品质量提高。另外，从制造企业视角，在供应商参与制造企业创新情境下，供应商创新性强调供应商依据制造企业设计需求改进产品和制造工艺、提供所需新产品等方面所体现的价值，是制造企业产品、工艺创新以及降低成本及交付时间，提升产品质量等方面的重要价值来源。对供应商创新性研究需关注供应商自身创新对制造企业的重要贡献，供应商的创新文化及先进技术是推动供应商内部创新并为制造企业创新及运作作出重要贡献的强大推动力。因此，对于制造企业，供应商创新性是供应商能够产生竞争优势的重要资源和特质，着眼于整体的、组织层面，而非实现个别创新所能替代。并且，在制造商—供应商长期合作关系中，供应商创新性是持续的组织属性，制造企业在激烈的竞争环境中长期生存不能仅依赖于某个创新，对供应商的要求也不能局限于实现某特定的创新上，更强调供应商能够良好适应外界环境变化具有持续创新的特性，供应商随竞争环境的变化不断更新、重组资源和创造价值的能力，对整个制造商—供应商关系价值潜力的提升具有重要贡献（Ruuska 等，2013），为制造企业产品创新注入新的活力，不易被竞争对手模仿，有助于制造企业竞争优势提升。

3.1.2 基于关系观的供应商创新性构念

资源基础观作为战略管理领域的重要思想得到广泛运用，基于早期研究，资源基础观采取内向型视角（inward-looking view），认为企业是由特殊的资源组成的异质的实体 Penrose（1959）。资源的 V.R.I.N 特性能够产生李嘉图租金以及准租金解释了资源是企业取得竞争优势的重要方式。资源的异质性和不可转移性使得资源基础观认为资源必须限制在企业内部才能获得竞争优势，在传统的资源基础观研究中，学者假设创造价值的资源都是由核心企业直接拥有和控制的。

组织所拥有的资源有助于其竞争优势的提升，而竞争优势的提升最终取决于企业内部资源、外部资源以及公共环境交互作用。竞争环境中组织之间并非相互独立的，相互合作的伙伴之间通过直接的互动转移资源，影响双方绩效。组织通过与外部成员合作，利用合作关系跨组织边界转移资源是提升竞争优势的重要方式。对组织的评估也不局限于组织内部资源的贡献，而更加关注其合作伙伴的资源禀赋。关系观是对资源基础观的重要发展，关系观认为组织之间关系是解释组织竞争优势提升的重要分析单元，异质的组织之间的关系是关系租金的重要来源。与资源基础观将企业独有的稀缺物质资源、专有技术、资金及无形资产看作是产生租金和竞争优势的重要来源不同，关系观将组织之间二元关系看作解释组织竞争优势提升的重要分析单元，提出关系租金和竞争优势源于跨组织边界的关键资源所产生的价值，并且嵌入于组织间资源和惯例中，这里的关系租金指由组织之间在交换关系中共同产生的超额利润（Dyer 和 Singh，1998）。竞争环境中组织之间并非相互独立，组织需与特定的合作伙伴通过直接互动并以特有的方式联合双方拥有的异质资源，获得无法由任一方单独产生的关系租金和对手无法模仿的竞争优势。关系专用性投资、知识共享惯例、互补性资源或能力以及有效的治理是关系租金的四个重要来源（Dyer 和 Singh，1998）。关系观为解释相互联系的组织如何组合组织内外部的资源获得并保持合作优势提升组织竞争力提供可借鉴的理论视角。

在供应链管理领域，企业有效配置供应链关系中资源是企业获得不可模仿的竞争优势的关键，供应链关系成为潜在互补资源的重要来源及形成差异化优势的重要环境（Allred 等，2011）。制造企业产品创新中，产品创新的复杂性需要多学科知识相互融合，供应商能给制造企业带来的多维价值，除提供物品、质量、价格等直接价值因素外，还包括诸如供应网络、引入新的技术和创新工艺等间接价值。供应商以及制造商—供应商合作关系是企业获取创新的重要途径（Inemek 和 Matthyssens，2013），只有双方合作共同创新才能产生任一方所不能获得的关系租金，企业与供应商的共同价值创造过程受到广泛关注。依据关系观，关系租金是制造企业与供应商通过联合、交流、共同开发异质性资源产生于互动关系中的收益，须在特定的关系中由合作双方贡献资源共同创造产生。制造商—供应商二元关系的战略特点使得制造企业有必要评估供应商的潜在价值，供应商创新性是在合作关系基础上评估供应商潜在价值并帮助制造企业评价并管理供应商的重要方式。供应商创新性除考虑供应商自身创新优势之外，还应该探索供应商对合作关系和合作过程所做贡献才显得合理和完整。

与组织创新性不同之处在于，供应商创新性研究将制造商—供应商二元关系作为分析单元，供应商创新性不局限于供应商内部，而是依据关系观，被看作为合作关系中能够产生关系租金的关系专用性资产和互补性资源禀赋，是产生关系租金的重要决定因素（Azadegan，2011）。首先，制造企业和供应商建立合作关系的过程中，双方都会精心管理，投入大量的时间和人力资源熟悉对方的文化、工作习惯和技术，供应商的关系投资使得制造企业能够更加了解供应商，包括供应商的内部能力和供应商创新性。通过了解供应商的研发能力、运作模式等了解供应商的创新潜力认识供应商创新性，并且在合作进行产品创新过程中，制造企业能够将供应商的专业知识利用到新产品中创造独特的能力，利用供应商的关系资产产生关系租金。除此之外，供应商在日益增多的与制造企业互动中更多地了解到企业的需求和期望，并使自己的创新行为更好地与企业的需求匹配。因此在合作中对供应商创新性的深入理解有助于企业在产品创新过程中将供应商的专业知识利用到新产品创新中提升其竞争力，促进双方产生关系租金。其次，供应商具备的有价值的资源是对制造企业自身拥有资源的重要补充。供应商创新性能够补充或者帮助制造企业提高创新能力，增加制造商的知识储备，降低成本、提高产品质量等，是产生关系租金的另一个重要来源。基于以上分析，供应商创新性是在制造企业与供应商合作创新中供应商所作出关于创新的贡献，着重于供应商能够为制造企业提供其所缺少的知识和技术，或通过双方的优势互补提升企业创新能力，在此过程中实现双赢。

研究借助组织创新性和关系观分析供应商创新性，有助于指导调查人员从调研资料中"看到什么"及"怎么看"，提高研究者对调研资料重要内容的敏感性，能为研究论点提供具体定位，从而深入理解供应商创新性的内涵。

3.1.3 扎根理论在供应商创新性构念研究中的应用

1. 扎根理论

扎根理论最初由 Glaser 和 strauss 于 1967 年提出，是社会科学研究中著名且应用最广泛的研究方法之一。扎根理论是根据一系列系统且灵活的准则，搜集和分析质性数据，扎根在数据中建构理论的质性研究方法。该理论强调针对研究问题通过调研收集数据，并不断修正与归纳理论，提炼概念和范畴直到没有新的范畴出现，达到理论饱和，进而从数据上升到理论的自下而上分析过程。扎根理论注重通过分析真实环境中社会行动者所产生的真实概念和含义对数据的解释过程，新理论的产生需要关注两方面的比较：研究领域真实的日常现状和该领域活动者对这些日常现状的真实解释。扎根理论研究之前不需要建立在既定的假设基础上，而是基于调研数据如何与研究者识别的概念范畴相匹配、范畴与所发现的主题相关性来描述最原始的理论阐述过程。

扎根理论方法的实施建立在持续的比较和理论抽样两个核心概念之上，这两个概念贯穿扎根理论的整个分析过程。持续比较是指数据收集和分析过程同时进行，有别于实证研究中将数据收集和分析分离的研究方法。理论抽样是指研究者决定下一步收集什么数据取决于所建立的理论，理想的假设检验中数据收集的方向是确定的，而理论抽样新数据收集则没有先验假设，而是通过持续进行数据解释产生概念范畴（Suddaby，2006）。扎根理论需要研究者首先对现有文献进行回顾，认识涉及领域的知识，而不了解任何该领域的相关知识，没有相关研究问题，推迟文献回顾抑或直到研究结束才分析以往文献都存在问题（Suddaby，2006）。扎根理论研究初期的文献回顾的目的是为研究者提供兴趣和学术视角，出发点是发展而不是限制研究者的思想，使研究者对提炼所收集数据具有更敏感的认识，并且认识已有文献基础上逐渐形成研究问题，而不能让已有的文献对后来的数据分析和解释产生影响。

扎根理论主要思想是研究者带着研究问题，通过深度访谈收集数据的同时进行数据分析和编码，据此产生新的概念和相应范畴，与已经定义的概念和范畴进行比较，进一步通过理论抽样进行新一轮的数据收集和分析，与现有概念和定义进行比较直到没有新的概念、范畴出现，达到理论饱和为止（Wagner等，2010）。若未达到理论饱和，则要重新对现有数据分析过程进行梳理，补充研究资料使理论达到饱和为止，图3-1描述扎根理论研究方法。利用扎根理论展开研究需要通过深度访谈收集数据，在访谈中设计一些宽广的开放性问题，随着访谈的逐渐深入，将访谈问题聚焦，使研究者能够展开对问题的细致讨论。研究者通过设计开放的、非判决式的问题，鼓励被调查对象说出意料之外的事。理论抽样是数据收集的过程，研究者据此决定哪些补充数据能够解释并开发概念范畴的所有内容，理论分析先于并平行于数据分析的过程，保证数据收集能够受新理论研究的指导和控制。新理论的产生过程中，研究者保留有用的概念，淘汰无关的概念，该过程的核心是持续比较，如图3-1所示，分析过程中需要比较并判断所收集数据能否解释所归纳的范畴，如果不能解释，则添加到理论中或者归为其他理论。

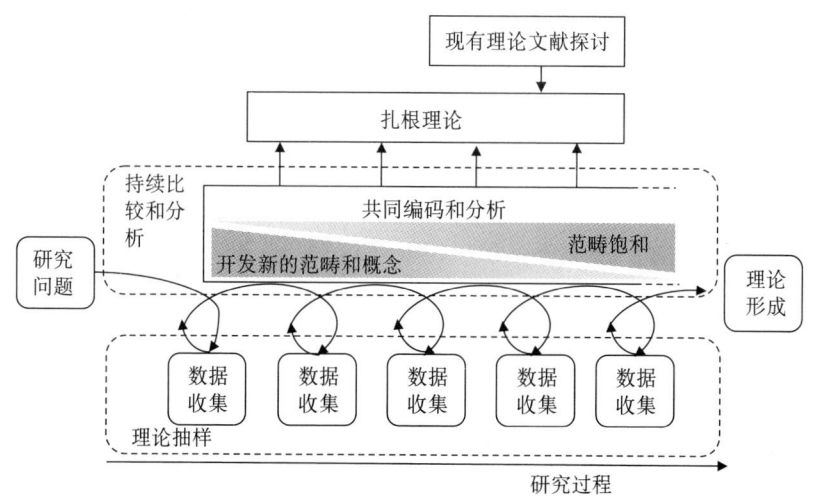

图3-1 扎根理论方法的基本过程

资料来源：Wagner, S. M., P. Lukassen, M. Mahlendorf. Misused and missed use—Grounded theory and objective hermeneutics as methods for research in industrial marketing [J]. Industrial Marketing Management, 2010, 39 (1): 5-15.

扎根理论中对数据编码是资料分析的重要环节，编码是通过对零散的数据进行分析、概念化并整合形成理论的分析过程，用简短的词语对访谈中涉及的人物、行为、事件、概念和范畴进行概括。编码可以分为三个环节：开放式编码、主轴编码和选择性编码。开放式编码是概念化和抽象化所收集的访谈资料语句和段落，用访谈对象所提出的生动词语或者文献资料中的概念数据表达，开放式编码的目的在于从访谈数据中提炼初始概念，发现相应范畴。主轴编码目的在于分类、综合大量数据，在开放式编码基础上以新的方式将较模糊的范畴进一步分类并重新排列，厘清各概念和范畴之间的关系，整合得出更高层次的范畴。选择性编码的目的是处理范畴之间的关系，挖掘核心范畴并梳理核心范畴与次要范畴之间的关系，整合成较大的理论构建，形成以范畴之间关系为基础的扎根理论。研究在随后供应商创新性构建的探索性研究中，采用这三种编码方式。

2. 供应商创新性构念研究步骤

研究旨在探索供应商创新性构念的内涵和结构特征。对于该项研究现有国内外尚未形成成熟的研究成果，缺乏整合多个不同角度观点的成熟理论框架，该研究问题仍较新颖，仅依赖已有文献不能充分展现供应商创新性内容复杂性，定性—定量混合研究方法的设计能在理论建立和测量方面相互补充对现象做出更可靠全面的解释。研究采用定性与定量相结合的方法通过两个相互衔接的研究探讨供应商创新性构念。研究一属于定性研究，利用实地访谈调研和扎根理论方法展开探索。扎根理论是质性研究中从经验资料入手，系统收集和分析数据自下而上产生概念建构理论的重要方法，是从经验数据中发现理论的最有影响的研究范式（Wagner 等，2010）。采用扎根理论研究方法的原因有两点：首先，供应商创新性内涵的深入理解需要掌握许多相互交织叠加的问题并收集实际数据做以解释，解释性的研究能够更深入描述相关研究问题，厘清概念之间关联，这种与研究对象互动对其行为和意义获得解释性理解的活动是质性研究的重点，选择质性研究方法是合适的。其次，利用扎根理论方法展开研究能够"捕获"受访者的潜在动机和认知，帮助调查者整理且深入理解复杂社会现象的整体特征并建立理论（Wagner 等，2010）。扎根理论适合于供应商创新性这一在内涵和结构维度上尚不明确的理论构念的探索。研究二采用定量研究方法，在扎根理论形成访谈条目基础上，编制测量量表，通过大样本问卷调查收集数据，利用因子分析方法进一步梳理并检验供应商创新性构念结构，修正并检验测量量表，提取供应商创新性构念组成维度。

3.2 基于扎根理论的供应商创新性

3.2.1 研究设计和数据来源

对供应商创新性构念的深入研究需要明确供应商创新性的内涵、结构及测量。研究通过开展个人深度访谈和焦点小组访谈，收集供应商创新性的原始语句，并利用扎根理论中编码和分析技术对收集的文本资料进行编码分析和范畴提炼，挖掘供应商创新性的解释构架，并形成初始测量项目库。

1. 访谈提纲

经过文献阅读，把握供应商创新性的概念和内涵，分析相关测量项目，形成供应商创新性访谈提纲，以把握访谈问题内容的重点方向，提高访谈效率。访谈提纲主要围绕五个主题展开：①受访者在企业创新过程中与供应商合作创新的经历，描述具体的合作事项；②能够体现供应商创新性的供应商的行为和活动；③合作过程中供应商具备的有利于我公司创新的特征；④合作创新中期望供应商能为企业做出的贡献；⑤合作创新过程中，需多个供应商合作时供应商创新性体现在哪些方面。在简单访谈提纲基础上，访谈最初通过一些宽广的开放性问题让被访者充分思考和表达，有利于被访者说出意料之外的陈述，随着访谈的深入灵活调整访谈问题，以使问题聚焦并引发对问题的细致交流。

2. 访谈与数据收集

依据简单的访谈提纲，将个人深度访谈和焦点小组访谈相结合收集第一手数据。采用理论抽样方法，按照建构理论发展的需要选择具体访谈对象，搜集更多相关的数据并进行比较分析，加工和完善研究中出现的范畴，直到没有新的概念出现，达到理论饱和为止。个人访谈的访谈者由 3 名本研究团队主要成员组成，访谈对象选自本校 EMBA、MBA 学员，包括陕西、上海、深圳、沈阳、南京等处于成长期和成熟期制造企业内部高层管理者、供应商管理部门管理者、采购部门管理者、研发部门管理者及技术部门管理者的 47 位受访者，受访者年龄控制在 35~50 岁之间，所从事行业包括电子设备制造、交通运输设备制造、电气机械及器材制造等高技术创新的制造业，受访者所在企业研发能力强。所选受访者具有丰富的供应商合作的经验，能够就供应商创新性提出丰富且专业的观点。访谈之前提前告知访谈主题，同时详细说明此次研究的目的并承诺对所收集数据保密。每位受访者访谈时间 1~1.5 小时，数据收集总共历时 11 个月，所有访谈均进行录音且逐字转录成书面资料，随后撰写备忘录。每次访谈完成之后所整理的访谈记录经反馈后得到受访者的确认和证实。

研究在个人深度访谈之后召开焦点小组访谈，访谈者由 4 名研究团队主要成员组成。访谈对象由陕西某汽车制造有限公司和沈阳某空调制造有限公司的 3 名高层管理者、4 名技术部管理者、4 名采购部门管理者组成。通过焦点小组访谈进一步对供应商创新性的内涵进行深层探讨，对深度访谈的类属进行验证，并在此基础上发展相关概念，检验所收集资料是否符合供应商参与企业产品创新的实际情况，访谈之后整理访谈资料并撰写备忘录。

3.2.2 数据分析与范畴提炼

扎根理论运用理论编码作为结构化编码范式能够促进最终所开发的理论概念的复杂性和紧密性（Binder 和 Edwards，2010）。研究采用扎根理论编码分析技术对所收集的数据进行整理和重组，通过将所收集数据与理论解释之间反复进行对比分析，发展核心概念，提炼范畴，通过核心范畴之间的联系建构理论。编码分析过程包括开放式编码、主轴编码和选择性编码三个环节。

1. 开放式编码

开放式编码是将原始访谈记录通过逐词、逐行、逐个事件编码整理成初始概念，并将初始概念归为不同类属并发现范畴的过程。开放式编码中资料收集与分析同时进行，每次访谈结束后即对访谈记录进行编码，编码完成之后进入下一次访谈，对访谈记录的不断比较与分析有利于验证和完善初始概念。对原始资料开放式编码遵循以下标准：①初始编码过程中为减少研究者个人偏见和经验对所搜集数据的影响，编码时尽可能保留原生代码。②合并同一个访谈对象表述意义相同或相似的条目；删除同一对象表述意义相冲突的条目；删除有悖于基本理论的条目。经过研究小组成员对所得943个初始概念进行不断讨论和整理，初步得到284个概念条目和30个范畴。表3-1为访谈资料的范畴化示例。

表 3-1　　　　　　　　访谈资料范畴化示例

范畴	原始资料语句（初始概念）
快速推出新产品和服务	提供的新产品远多于同行业其他供应商（a1-1 新产品数量多）；供应商能快速推出新产品（a2-1 重视产品创新速度）并不断提供更加卓越服务解决我们的问题，增加良好的用户体验（a2-2 优质服务项目）……
高科技产品	能够提供高科技产品（a1-3 产品科技含量高）；提供不断降低能耗的空调压缩机（a2-4 产品性能不断提升）；镜头的色彩和高品质的画质长期处于行业领先地位（a3-17 产品性能优越）……
提升生产技术	在旧方法失效时能提出新技术方法（a1-7 及时更新技术）；采用蒸发冷却空调技术（a2-6 研发新技术）；改进生产技术注重环保（a3-5 改进生产技术）……
更新生产设备	供应商最近从美国引进的新设备对他们所提供的产品性能有大幅提高（a1-5 引进新设备）；淘汰低能耗的设备对供应链上碳排放降低非常重要（a2-10 淘汰低能耗设备）；淘汰了一批老旧设备（a3-6 淘汰旧设备）……
改进工艺流程	汽车半轴加工工艺改进（a1-9 改进加工工艺）；根据需求改变工艺流程（a2-7 改变工艺流程）；利用复合机床集中完成多道工序加工（a3-7 同时完成多道工序）……
鼓励员工思想开放	员工思想上开放意识很重要（a1-4 开放意识）；根本问题是消息闭塞，闭门造车永远无法创新（a2-5 避免闭门造车）；供应商鼓励其员工勇于尝试新方法（a3-2 勇于尝试新方法）……
响应外部环境	供应商开始关注新市场上新能源汽车的发展（a1-11 关注新能源汽车发展）；供应商嗅觉灵敏能准确把握国家政策和市场信息（a2-17 对外部环境变化敏感）；积极响应欧盟RoHS指令（a3-4 响应环保要求）……

续表

范畴	原始资料语句（初始概念）
勇于探索	有些供应商缺乏探索的勇气（a1-12 缺乏探索勇气）；供应商不断寻求最好的解决办法（a2-11 不断探索）；供应鼓励以独特的视角和新颖方式看待问题（a3-8 以新视角新方式看待问题）……
独辟蹊径	跳出产品高度同质化的模式，寻找一片新的蓝海（a1-13 寻找新的蓝海）；不拘泥于传统做法带来的成功（a2-13 打破传统做法）；经常打破传统思维模式（a3-9 新思维模式）……
乐于冒险	高风险意味着高收益（a1-14 追求风险）；尽管前途未知但总得跟我们一起积极主动尝试（a2-14 风险承担）；惯有的稳妥态度妨碍了零部件创新（a3-11 惯有的稳妥态度）……
创新目标	未来的创新目标很明确（a1-15 未来创新目标明确）；公司上下为了共同的未来规划而不断努力（a2-15 未来规划）；供应商没有长远的目标必定无法长期生存（a3-13 重视建立目标）……
预测未来需求	预测市场需求变化时有敏锐的洞察力（a1-16 预测市场需求）；该供应商有远见（a2-16 远见卓识）；制造服务化转型不仅为我们提供优质鼓风机等设备，还提供全套解决方案，很好满足我们的需求（a4-12 转型满足需求）……
大量研发投入	供应商愿意支付很大比例费用用于技术创新（a1-8 技术创新支出）；不惜花大价钱吸引技术和管理人才（a2-19 积极引进人才）；更新仪器和设备支持研发活动（a3-14 更新仪器设备）……
首创精神	总是发现新市场需求快速行动（a1-19 带头行动）；与其他供应商相比最早推出新产品（a2-21 最早推出新产品）；我们的镜头供应商凭借他们卓越的技术一直是市场领导者（a3-16 市场领导者）……
寻找机会	管理者能不断寻找新机会（a1-17 寻找新机会）；高效节能电机利好政策频出，供应商寻求技术改造推广高效节能电机（a2-19 把握市场机会）；看重便携性和用户体验上发展趋势（a3-19 发展趋势）……
主动探讨	邀请我们设计人员交流新设计方案（a1-20 交流设计方案和难点）；探讨模具用材合理性（a2-22 主动探讨）；由"售后服务"变"售前服务"（a3-21"售前服务"）……
共享信息	建立信息共享平台与我们共享市场信息（a1-21 共享市场信息）；及时提供最新的零部件信息（a2-24 提供新零部件信息）；所需要的技术信息供应商都会尽力满足（a3-22 提供需要的信息）……

续表

范畴	原始资料语句（初始概念）
提出解决办法	我公司研发遇到困难时供应商会主动提出解决方案（a1-22 主动提供解决方案）；主动调整工艺流程解决创新问题（a2-25 调整工艺解决创新问题）；首先引入新技术解决我们高能耗问题（a3-26 新技术帮助解决能耗问题）……
乐意共享核心技术	积极将其发动机先进技术用在我们新车型中（a1-25 提供先进技术）；乐于提供与我企业互补的技术资源（a2-26 提供互补技术资源）；愿意提供能显著提高产品性能和应用价值的技术（a3-25 提供有价值的技术）……
迎合创新需求	针对我们的需求积极提出新的设计思路（a1-26 迎合需求进行设计）；经常主动展示他们的新产品（a2-27 主动展示新产品）；运用新技术开发我们需要的产品（a3-24 运用新技术迎合需求）……
供应商资产专用	培训员工制造我们新产品所需的零部件（a1-27 人力资产专用）；提供我们产品创新所需专用的设备和工具（a2-28 设备和工具专用）；在于我们相关的专业知识上做了可观的投资（a3-26 相关知识投入）……
技术人员支持	出现技术问题马上有技术人员与我们联系解决（a1-23 派遣技术人员解决）；技术团队及时与我们沟通协调（a2-29 技术团队协调）；技术人员为新技术的应用提供帮助和支持（a3-27 提供技术帮助）……
员工的团队合作能力	供应商的员工能协调各方利益（a1-29 员工能协调各方利益）；供应商员工能够在创新过程中考虑双方利益实现共赢（a2-30 协调双方整体利益）；帮助对方并愿意做"分外"的工作，有团队精神（a3-28 团队合作精神）……
客户关系导向	满足我们的需求并愿意维护合作关系（a1-30 维护合作关系）；供应商认为我们信誉好，我们之间信任度很高（a2-32 对客户信任）；供应商承诺我们的事情不会违约，非常看重我们之间战略关系（a3-29 注重战略关系）……
合作过程支持	供应商更新他们产品之前都会提前告知我们（a1-32 产品更新通知）；良好的沟通协调方式指导我们最大化地发挥他们产品的价值（a2-34 协调合作发挥产品价值）；积极促进合作帮助我们提高竞争力（a3-31）……
适应行为	供应商会花时间了解并适应我们如何工作（a1-33 适应我们运营过程）；会根据我们的需求改变他们的产品特征（a2-33 改变产品特征）；积极配合我们长期生产计划制定和生产工艺改进（a3-30 配合生产计划和工艺改进）……
与其他供应商共享信息	优势需要我公司两个重要供应商相互合作创造（a1-34 能够与我公司其他供应商合作）；供应商之间共享信息有利于产品性能协调一致（a2-38 与合作供应商信息共享）；零部件设计细节需要供应商间相互沟通（a3-31 与合作供应商沟通信息）……

续表

范畴	原始资料语句（初始概念）
协助其他供应商	重要供应商之间能够互相帮助共同完成既定目标（a1-36 供应商间互惠）；关键供应商间能协助对方设计和生产（a2-36 协助合作供应商生产）；搭便车行为要不得（a3-33 避免搭便车）……
定期与其他供应商协商	在我们组织的研讨会上与其他供应商交流（a1-35 与其他供应商协商）；我们的关键S间能积极讨论很重要（a2-35 积极与合作供应商探讨）；安全系统是两个供应商共同讨论协商的结果（a3-32 与合作供应商协商优化产品）……
协调供应商间矛盾	友好处理与我们其他核心供应商之间的关系（a1-37 友好处理合作供应商间关系）；供应商之间冲突能及时化解（a2-39 能化解合作供应商间矛盾）；意见不一致时供应商间能妥善处理（a3-34 妥善处理合作供应商间矛盾）……

2. 主轴编码

主轴编码将选择性编码所提炼的仍较为模糊的范畴进一步归纳聚类，研究通过不断比较选择性编码所提出的条目和范畴，寻找各个独立范畴之间的逻辑联系。该阶段编码由三名小组成员独立完成条目归类，再通过对比讨论对条目进行不断合并、提炼和归纳，共提炼出 10 个一阶范畴和 122 个条目。

为检验上述编码归类是否一致，选取 27 名评价者（包括本研究团队教授、副教授、博士研究生 13 名，本校 EMBA、MBA 学员 14 名）评价各个条目与相应范畴的匹配程度。评价前先向各评价者介绍各范畴及其含义，然后请评价者阅读各条目并把每个条目分配到所反映的范畴中。具体方法为：①评价者若认为某条目若只反映一个范畴，则在相应范畴下标记"X"；若反映多个范畴，在含义最接近的范畴下标"1"，在次接近的范畴下标"2"，在较接近的范畴下标"3"，不反映任何范畴则不用标记。②以上标记表示该条目反映范畴的程度，对每项标记赋予权重（"X"和"1"记做3分，"2"记做2分，"3"记做1分）。③计算各条目在每个范畴上的得分，将得分进行加总，计算每个条目反映各范畴的百分比。若一个条目在所属范畴上的得分超过60%，则保留该条目，否则删除。如果条目在所属范畴上的得分达到60%，另一范畴上得分达到40%，则由研究团队成员共同讨论决定是否保留。基于以上评价步骤，将评价者打分结果中 29 个与范畴匹配性低的条目删除，最终得到条目 93 个，所属 10 个子范畴分别为产品服务创新、工艺创新、开放性、探索精神、率先行动、创新规划、知识共享、技术资源共享、供应商－制造商关系协同能力和供应商—供应商关系协同能力。各一阶范畴及所对应的范畴、范畴内涵如表3－2所示。

表3－2　　　　　　　　主轴编码形成的一阶范畴

一阶范畴	对应范畴	范畴内涵
产品服务创新能力	快速推出新产品和服务	供应商能够比其他竞争对手更多、更快推出新产品和服务
	高科技产品	供应商能提供技术含量高、性能优越的产品
工艺创新能力	提升生产技术	供应商关键生产技术能够不断得到改进
	更新生产设备	能够积极引进新设备、淘汰旧设备
	改进工艺流程	工艺流程能够不断改进
开放性	鼓励员工思想开放	鼓励员工勇于尝试新方法，积极接受对外界新观点和新事物
	响应外部环境	对外界政策、涌现新的客户需求和新行业形势敏感并积极响应
探索精神	勇于探索	供应商能够不断寻求更新颖的解决办法体现强探索精神
	独辟蹊径	创新过程中不断打破传统利用独特新奇的方法、思路进行创新
	乐于冒险	供应商不畏惧风险寻求创新并且愿意同制造商合作中分担风险
创新规划	创新目标	供应商上下有明确长远的创新目标规划
	预测未来需求	供应商能够敏锐洞察并准确预测未来客户需求
	大量研发投入	供应商在研发上投入大量人、财、物资源
率先行动	首创精神	探寻并把握市场机遇先人一步率先进行创新
	寻找机会	供应商能够不断寻找新机遇促进自身创新
知识共享	主动探讨	合作中能够与制造企业就设计和制造等方面积极探讨提供重要想法
	共享信息	供应商为制造企业提供市场、零部件、技术等重要信息
	提出解决办法	与制造企业合作中能够就相关问题提出新的解决思路和方案
技术资源共享	乐意共享核心技术	供应商乐于将自身核心技术用于制造企业新产品的设计和制造中
	迎合创新需求	供应商时时关注制造企业需求设计新产品、改进工艺
	供应商资产专用	提供与制造企业合作专用的人力、设备、知识和物流等方面投资
供应商－制造商关系协同能力	技术人员支持	技术人员及时有效解决合作设计和制造中遇到的技术难题
	员工团队合作能力	供应商员工具有有效协调与制造企业合作关系团队合作能力
	客户关系导向	注重与制造企业战略合作关系并尽力维护该关系
	合作过程支持	供应商良好的沟通协调机制能够在更改产品设计、共享资源过程等有效支持合作顺利展开
	适应行为	供应商积极了解制造企业运营过程并在产品特征、生产工艺、生产计划等方面做出调整满足企业要求

续表

一阶范畴	对应范畴	范畴内涵
供应商 - 供应商关系协同能力	与其他供应商共享信息	供应商与制造企业其他供应商合作中能够共享相关信息
	协助其他供应商	需要的情况下供应商能与制造企业其他供应商协助完成设计、生产任务
	定期与其他供应商协商	供应商能与制造企业其他供应商通过会议、访问等形式沟通协商
	协调供应商间矛盾	供应商能及时解决与制造企业其他供应商之间的矛盾

3. 选择性编码

选择性编码是系统地从已有范畴中挖掘搜寻核心范畴并建立核心范畴和其他范畴、数据之间的关系的方法。通过建立故事线,选择性编码围绕核心范畴简明展现并具体化核心范畴与其它范畴之间的关系,发展系统的解释构架。研究通过对开放式编码中提出的范畴和主轴编码中提出的产品服务创新能力、工艺创新能力、开放性等 10 个一阶范畴的深入分析,完成故事线后确定"供应商创新性特征"这一核心范畴,范畴之间典型关系结构如表 3-3 所示。围绕核心范畴将故事线概括为:供应商创新性由技术能力、创新欲求、资源共享意愿和关系协同能力四个维度共同构成,其中技术能力和创新欲求是供应商自身角度体现的供应商创新性,资源共享意愿、关系协同能力是制造商—供应商关系角度体现的供应商创新性。与现有的单维度供应商创新性相比,供应商创新性具有清晰的维度,除供应商自身角度之外更体现了供应商与制造企业合作关系中供应商具备的重要创新特性。

表 3-3 典型关系结构与二阶范畴

二阶范畴	典型关系结构	访谈对象代表性语句
技术能力	产品服务创新能力→技术能力	供应商的产品是按照企业要求设计和制造的,供应商的产品创新能力和优质的服务直接影响企业最终产品的质量、性能,例如采用新的屏幕显示技术,客户满意度也会相应提高
	工艺创新能力→技术能力	企业产品改进和交货期缩短很大方面是由供应商工艺创新引起的,工艺创新能力是供应商高技术创新的重要表现

续表

二阶范畴	典型关系结构	访谈对象代表性语句
创新欲求	开放性→创新欲求	电子产品生命周期短，供应商要创新首先要能够积极接受外部的新事物和新想法，这样在他们的产品上才能有适应外部客户要求和新规范的创新体现出来
	探索精神→创新欲求	创新是艰难的并且风险大，供应商不惧风险，勇于打破旧模式探索新方法的精神是供应商的重要特性，我们的创新正是需要这样的合作伙伴共同完成
	率先行动→创新欲求	供应商应当对商业机会有敏锐的捕捉，在竞争对手还没意识到商机时就率先采取行动，当然先人一步的做法必须要有较强的技术实力做保证才有可能快速转化为新产品
	创新规划→创新欲求	他们的产品对我们非常重要，我们有意与他们建立长期合作关系，希望他们不断创新，洞察市场变化并且为应对客户需求有长期的规划，鼓励员工能从各方面支持创新目标的实现
资源共享意愿	知识共享→资源共享意愿	合作创新需要双方积极沟通共同完成，在我们创新过程中面临困难和挑战时需要供应商积极提出新解决方案，提供新设计思路帮助我们创新快速顺利进行
	技术资源共享→资源共享意愿	供应商独有的技术资源往往是很多企业努力争取的对象，供应商愿意将这些技术应用到我们新产品中，并且保障这些技术在我们产品中性能得到最大发挥也是供应商创新性的重要表现
关系协同能力	供应商-制造关系协同能力→关系协同能力	企业之间的良好合作同样需要供应商的努力协调，比如经常来考察以便熟悉我们的运营情况、派技术人员及时协调指导，尤其是遇到问题时能及时协商解决等，这些重要的投入也是供应商创新性所要考虑的方面
	供应商-供应商关系协同能力→关系协同能力	供应商不止一个，很多产品的设计和制造工作需要两个或以上供应商共同完成，我们会组织供应商通过会议、访问等形式促进供应商相互探讨重要信息，甚至必要的情况下供应商之间要相互协助，这些都对所提供零部件的质量、一致性的提高有重要帮助

3.2.3 供应商创新性量表预测试

借助上述提出的供应商创新性访谈条目，利用定量研究的方法，分析供应商创新性构念的内涵及组成维度。运用 SPSS 和 AMOS 统计分析软件，经过预调研形成正式调查问卷，利用大样本问卷调查数据进行探索性因子分析和验证性因子分析，进一步梳理并确定供应商创新性构念组成维度，探讨各维度的内涵，并提出供应商创新性测量量表。

进行大样本问卷调查之前需通过小规模调研进行量表预测试，预测试的目的是通过项目分析剔除可靠度低的测量项目，修正测量量表，形成正式调查问卷。依据访谈资料编码所得的访谈条目，明确受访者语句的核心含义，将相应语句书面化，保证语句简洁规范，得到包含93个测量题项的初始测量量表，并采用李克特（Likert）五级量表测量（1表示"完全不符合"、5表示"完全符合"）。研究选取陕西、四川、湖北三个省的汽车制造、电子设备制造、航空航天器制造等高技术行业的大中型制造企业发放问卷350份，回收有效问卷208份，占问卷总数的59.43%。

量表预测试采用极端组检验和主成分分析法进行项目分析。首先，采用极端组检验法检验测量题项的鉴别度，即判断测量题项能否区分受试者观点的差异，通过计算问卷各题项的决断值（CR值）判断（吴明隆，2010）。极端组检验法将各受试者在所填答量表中的题项得分进行加总，依据各受试者在量表上的总分进行排序，取前27%得分的受试者为高分组，取后27%得分的受试者为低分组，采用独立样本t检验评价单个题项的得分在两个极端组中是否具有显著差异。题项鉴别度的判断需先通过"Levene检验"判断两组样本方差是否相等，然后依据判断结果判断t值（CR值）是否显著。具体而言，若"Levene检验"的F值达到显著（$p<0.05$），表示两组样本方差不相等，此时采用t检验的"不假设方差相等"一栏数据，否则采用t检验的"假设方差相等"一栏数据；针对t检验数据，若t值达到显著（$p<0.05$），则表明两组样本均值不相等，对应题项鉴别度良好。分析结果显示，供应商创新性初始量表中共有18个题项t值未达到0.05显著性水平，题项不能区分受试者观点的差异，不具备良好的鉴别度，在量表中予以删除。其次，利用主成分分析保留Kaiser特征值大于1的因子，并采用最大变异正交旋转得到因子载荷矩阵，对剩余75个题项进行检验。因子分析过程中需删除负向因子载荷题项、因子载荷小于0.5、跨因子载荷超过0.4的题项及共同度小于0.5的题项。每删除一个题项之后需重新进行因子分析检验因子结构是否收敛，样本数据经过多次因子分析，共删除28个测量题项，形成清晰的因子结构，

最终得到具有47个测量题项的供应商创新性量表。基于该修正量表编制正式调查问卷，用于大样本问卷调查，进一步明确供应商创新性构念的内涵和结构。

3.3 供应商创新性量表开发

3.3.1 研究设计与数据收集

借助预测试所形成的正式调查问卷，以我国制造企业为研究对象，通过随机抽样和判断抽样相结合的方法，采用大样本问卷调查收集数据。汽车制造、电子设备制造、电气机械及器材制造、航空航天器制造等高技术行业的制造企业面临非常激烈的市场竞争环境，注重提升企业的科研能力和技术水平，不断致力于高科技产品和工艺的开发，对供应商创新性有较高的认识和要求，符合供应商创新性研究的需要。研究自2013年7月起至2014年5月基于上述行业的大中型制造企业收集数据，调查对象选取企业内影响采购决策且有丰富供应商管理经验、与供应商有密切接触的管理人员。数据收集分为两个部分，第一部分从中国通用机械制造业厂商名录、中国汽车电子电器企业名录等相关资料中选取西安、重庆、成都、武汉、洛阳、深圳、上海7地制造企业，通过实地调研、E-mail及信件等方式发放问卷576份，其中回收有效问卷392份。第二部分数据来自本校EMBA和MBA的问卷调查，采取现场填答、E-mail等形式共发放问卷100份，回收有效问卷83份。研究共发放问卷676份，最终回收有效问卷475份，有效问卷率为70.27%。所属行业中汽车制造行业受试者109人（占22.95%），电子设备制造143人（占30.11%），电气机械及器材制造158人（占33.26%），航空航天器制造65人（占13.68%），受试者所属职业中高层管理者67人（占14.11%），供应商管理部门管理者135人（占28.42%），研发部门管理者122人（占25.68%），技术部门管理者93人（占19.58%），生产部门管理者58人（占12.21%）。研究将所收集的有效问卷随机分为两份，一份（N=237）用于探索性因子分析，另一份（N=238）用于验证性因子分析与量表信度、效度检验。

3.3.2 探索性因子分析

1. 一阶探索性因子分析

基于修正后的供应商创新性量表，利用探索性因子分析删除不符合预期的项目并提取主因子。探索性因子分析过程中，共有 7 个题项因子载荷小于 0.5，予以删除。删除后的探索性因子分析结果显示，量表的 KMO 值为 $0.716 > 0.7$，Bartlett 球形检验显著性概率值 $p = 0.001 < 0.05$，适合进行因子分析。利用主成分分析和最大方差法对样本数据进行正交旋转处理后得到因子载荷矩阵，保留大于 0.5 的因子载荷，如表 4 所示。依据 Kaiser 特征值大于 1 的原则以及转轴后的因子结构并参考陡坡图确定主因子提取数目，共提取 9 个主因子，累计解释总变异量为 77.984%，能解释大部分变量结构，量表 40 个题项在各主因子中分布较好，各因子命名及对应题项如表 3-4 所示。

因子 A1 包含 5 个题项，表现制造企业对供应商生产技术、工艺流程创新和设备更新等方面的重视，表明供应商工艺创新能力对企业运营及具有重要作用，因此将该因子命名为"工艺创新能力"；因子 A2 包含 5 个题项，代表制造企业期望供应商在创新过程中乐于接受外部新观点，及时对外部环境变化做出积极响应，反映供应商善于接纳新事物及适应外部环境变化的开放态度，因此将其命名为"开放性"；因子 A3 包含 4 个题项，表明供应商所提供的零部件和服务是制造企业产品的重要组成部分，快速、成功推出新颖和有价值的产品及服务项目体现供应商产品和服务创新的能力，因此将其命名为"产品服务创新能力"；因子 A4 包含 6 个题项，主要表达供应商具备敢于不断寻找新思路、寻求新解决办法及勇于面对风险和挑战的精神，因此将其命名为"探索精神"；因子 A5 包含 4 个题项，表达供应商在与制造企业合作过程中能够提乐于与制造企业共享其独有技术资源，共享关系专用资产的行为，因此将其命名为"技术资源共享"；因子 A6 包含 4 个题项，代表供应商不断追求领先，快速做出行动的创新倾向，体现在供应商不断寻找机会带头创新以领先竞争者，具有远见能够准确预测未来市场需求带头行动的特征，因此将其命名为"先动性"；因子 A7 包含 5 个题项，表现供应商在与制造企业合作过程中适应企业运营并协调关系的能力，因此将其命名为"供应商—制造商（S-M）关系协同能力"；因子 A8 包含 4 个题项，表达制造企业认为创新过程中在自身引导下，有必要相互合作的供应商之间能够共享创新相关信息，协调双方关系相互协助并妥善解决矛盾，以求促进与企业合作过程顺利展开，是供应商创新性的重要表现之一，将其命名为"供应商—供应商（S-S）关系协同能力"；因子 A9 包含 3 个题项，表达企业希望供应商能在合作过程中表现出积极分享知识并主动探讨解决方案，将其命名为"知识共享"。

表 3-4 供应商创新性一阶探索性因子分析

题项	共同度	因子命名				题项	共同度	因子命名				
		工艺创新能力	开放性	产品服务创新能力	探索精神			技术资源共享	先动性	S-M关系协同能力	S-S关系协同能力	知识共享
V7	0.955	0.955				V28	0.908	0.923				
V8	0.943	0.950				V30	0.716	0.796				
V9	0.958	0.949				V29	0.594	0.752				
V5	0.889	0.907				V31	0.580	0.709				
V6	0.886	0.902				V21	0.810		0.849			
V10	0.956		0.962			V23	0.760		0.808			
V11	0.964		0.960			V24	0.804		0.762			
V14	0.940		0.949			V22	0.608		0.709			
V12	0.929		0.947			V33	0.832			0.841		
V13	0.943		0.942			V32	0.738			0.764		
V4	0.922			0.939		V34	0.565			0.609		
V2	0.911			0.931		V35	0.675			0.518		
V3	0.905			0.929		V36	0.571			0.508		
V1	0.892			0.912		V39	0.811				0.851	
V15	0.943				0.766	V38	0.755				0.817	
V16	0.642				0.747	V37	0.783				0.753	
V19	0.602				0.718	V40	0.720				0.567	
V18	0.579				0.695	V27	0.821					0.868
V20	0.675				0.686	V25	0.834					0.847
V17	0.558				0.650	V26	0.635					0.630
初始特征值		6.933	5.896	4.229	3.605	初始特征值		3.451	2.488	1.687	1.660	1.243
因子方差贡献率（%）		17.333	14.741	10.573	9.012	因子方差贡献率（%）		8.629	6.211	4.218	4.150	3.107
累计贡献率（%）		17.333	32.074	42.647	51.659	累计贡献率（%）		60.288	66.508	70.727	74.877	77.984

2. 二阶探索性因子分析

供应商创新性一阶探索性因子分析的 Bartlett 检验显著性概率值在 0.01 水平上显著,表明所抽取的 9 个主因子可能存在更高阶的公共因子。基于此,利用主成分分析和最大方差法对所抽取 9 个主因子的因子得分进行正交旋转处理,进一步探索供应商创新性构念,所得二阶探索性因子分析载荷矩阵如表 3-5 所示。分析结果显示,KMO 值为 0.813,Bartlett 球形检验 $p < 0.001$,量表适合进行因子分析。依据 Kaiser 特征值大于 1 的原则及转轴后的因子结构,共提取 4 个主因子比较合适,累计解释总变异量为 76.607%。二阶因子 F1 包括"产品服务创新能力"和"工艺创新能力"两个一阶因子,涉及供应商在产品、服务和工艺方面的整体能力对企业的贡献,该方面贡献因供应商提供零部件的嵌入性特点直接体现供应商的先进技术能力,表现企业对供应商是否具有先进技术的重视,将其命名为"技术能力";二阶因子 F2 包括"开放性""探索精神""先动性"三个一阶因子,主要涉及供应商对待新观点、新事物的态度及探寻商业机会追求行业领先地位等内在特征,体现供应商对创新的渴求和不断追求创新的倾向,将其命名为"创新欲求";二阶因子 F3 包括"知识共享""技术资源共享"两个一阶因子,主要内容涉及供应商在与制造企业合作过程中积极共享自身的核心技术,乐于将核心技术和信息用于企业创新及运作过程中的行为和态度,将其命名为"资源共享意愿"。二阶因子 F4 包括"供应商-制造商关系协同能力""供应商-供应商关系协同能力"两个一阶因子,内容涉及供应商对其与制造企业、制造企业其他核心供应商合作关系的协调和适应,体现供应商的强关系协同能力,将其命名为"关系协同能力"。

表 3-5　　供应商创新性二阶探索性因子分析

一阶因子	共同度	因子命名			
		技术能力	创新欲求	资源共享意愿	关系协同能力
产品服务创新能力	0.929	0.964			
工艺创新能力	0.931	0.958			
开放性	0.664		0.782		
探索精神	0.660		0.757		

续表

一阶因子	共同度	因子命名			
		技术能力	创新欲求	资源共享意愿	关系协同能力
先动性	0.568		0.705		
知识共享	0.791			0.887	
技术资源共享	0.769			0.855	
S-M 关系协同能力	0.796				0.888
S-S 关系协同能力	0.786				0.857
初始特征值		2.119	1.974	1.431	1.371
因子方差贡献率（%）		23.547	21.932	15.897	15.230
累计贡献率（%）		23.547	45.480	61.377	76.607

3.3.3 信度和效度检验与量表确定

验证性因子分析用于检验探索性因子分析所得到的结构模型与实际数据的拟合程度，判断量表建构效度的适切性与真实性。利用最大似然法进行验证性因子分析，针对探索性因子分析提出的模型，建立竞争模型，通过分析对比各模型与实际数据的拟合度验证供应商创新性结构，并进一步分析供应商创新性量表的信度和效度。

1. 一阶验证性因子分析

研究提出如下竞争模型：M1 为包含 40 个题项的一阶单因子模型，所有题项均反映单一的潜在变量；M2 为包含技术能力、创新欲求、资源共享意愿和关系协同能力四个潜变量的一阶四因子模型，其中技术能力包含 9 个题项，创新欲求包含 15 个题项，资源共享意愿包含 7 个题项，关系协同能力包含 9 个题项；M3 为包含工艺创新能力、开放性、产品服务创新能力、探索精神、技术资源共享、先动性、供应商—制造商关系协同能力、供应商—供应商关系协同能力和知识共享 9 个因子的一阶九因子模型。

以上各模型验证性因子分析结果通过相关拟合指标展示，各指标值如表 3-6 所示。与模型 M3 相比，模型 M1 与 M2 的拟合结果较差，其中 χ^2/df 均超出 1~3 的理想水平，RMSEA 值均超出了 0.08 可接受水平，GFI、NFI、CFI 三个指标均小于 0.7，未达到大于 0.9 的理想水平，模型 M1 的 PGFI 值也未达到大于 0.5 的理想水平。相比之下，模型 M3 的拟合指标除 GFI 和 NFI 略低于 0.9 的理想水平之外，其余均达到理想水平，表示模型与实际数据的拟合程度较好，M3 为一阶因子模型中最优，供应商创新性一阶九因子模型得到验证。

表 3-6　　　　　　　　　　一阶验证性因子分析拟合指标

模型	χ^2	df	χ^2/df	RMSEA	GFI	NFI	CFI	PNFI	PGFI
M1	5456.757	740	7.374	0.096	0.525	0.580	0.611	0.523	0.474
M2	3269.970	734	4.455	0.084	0.603	0.671	0.667	0.601	0.540
M3	1896.576	704	2.694	0.063	0.829	0.876	0.948	0.769	0.728

2. 二阶验证性因子分析

基于所证实的一阶因子，验证供应商创新性构念二阶因子关系模型。研究提出如下竞争模型：M4 为包含 9 个一阶因子的二阶单因子模型，假定一阶因子在测量更高一阶的构念；M5 为二阶四因子模型，其中假设存在二阶因子 1 解释工艺创新能力、产品服务创新能力两个一阶因子，二阶因子 2 解释开放性、探索精神、先动性三个一阶因子，二阶因子 3 解释技术资源共享、知识共享两个一阶因子，二阶因子 4 解释供应商—制造商关系协同能力、供应商—供应商关系协同能力两个一阶因子。

二阶验证性因子分析结果如表 3-7 所示，将二阶因子模型 M4 与一阶因子模型 M3 进行对比，RMSEA、GFI、NFI 和 CFI 均达到理想水平。PNFI 和 PGFI 为简约拟合指数，能够判断模型的精简程度，主要用于不同自由度模型之间的比较，其值越高越好，M4 的 PNFI 和 PGFI 指标均大于 M3，且差值分别为 0.074 和 0.08，介于 0.06~0.09 之间，表明模型间具有明显差异存在，模型 M4 优于模型 M3。相比于二阶单因子模型 M4，二阶四因子模型 M5 的 GFI、NFI、CFI、PNFI 和 PGFI 指标均有所提高，RMSEA 指标达到小于 0.05 的较好水平。分析结果显示，模型 M5 与实际数据具有较高的拟合程度，证实扎根理论所提出的二阶四因子模型最合适。

表 3-7　　　　　　　　　　二阶验证性因子分析拟合指标

模型	χ^2	df	χ^2/df	RMSEA	GFI	NFI	CFI	PNFI	PGFI
M4	2105.232	732	2.876	0.078	0.887	0.916	0.922	0.818	0.792
M5	1472.475	725	2.031	0.049	0.905	0.944	0.951	0.834	0.800

3. 量表的信度和效度检验

信度用于检验测量量表所测得的结果的稳定性和一致性，通常利用 Cronbach's α 系数检验量表的信度。供应商创新性整体量表的 Cronbach's α 值为 0.854，其中一阶因子的 Cronbach's α 系数介于 0.619~0.982 之间，二阶因子的 Cronbach's α 系数介于 0.617~0.938 之间，均超过了 0.6 的理想水平，如表 3-8、表 3-9 所示，量表具有较高的信度。此外，存在潜变量的量表需检验建构信度，用以验证观测变量与潜变量之间的一致性，一阶因子建构信度介于 0.634~0.991 之间，二阶因子的建构信度介于 0.643~0.942 之间，超过 0.6 的理想水平，如表 3-8、表 3-9 所示，供应商创新性量表具有良好的信度。

量表效度检验包括内容效度和建构效度，内容效度指测量量表内容范围与广度的适切程度，体现量表对构念的反映程度。量表条目的形成过程遵循扎根理论方法的分析过程，在该过程中通过深入企业访谈，不断收集完善数据直到理论饱和，经由本团队成员对数据严谨分析，反复沟通斟酌进行评判，形成初始量表，并利用该量表实施小规模预测试，认为量表编制采取严格的控制方式，具有可靠的内容效度。

建构效度包括聚合效度和区分效度，聚合效度反映同一潜变量不同的观测变量之间关联程度，研究采用测量题项的标准化负荷和平均变异数抽取量（AVE）测量供应商创新性量表的聚合效度，两个指标值均大于 0.5，表明量表具有较好的聚合效度。区分效度反映不同潜变量之间是否存在显著差异，利用 AVE 值与因子间标准化相关系数的比较判断，因子的 AVE 值大于其与其他因子间的相关系数的平方，表明量表具有良好的效度。供应商创新性量表的一阶因子效度分析结果如表 3-8 所示，其中各因子的 AVE 值介于 0.502~0.688 之间，各因子与其他因子相关系数的平方介于 0.125~0.602 之间；二阶因子效度分析结果如表 3-9 所示，各因子的 AVE 值介于 0.528~0.637 之间，各因子与其他因子相关系数的平方介于 0.144~0.562 之间，量表具有良好的聚合效度和区分效度。供应商创新性构念的定量研究结果指出供应商创新性构念的二阶四因子模型能够更好地拟合实际数据，供应商创新性由技术能力、创新欲求、资源共享意愿、关系协同能力四个维度组成，进一步印证并完善了扎根理论所提出的研究结论。

表 3-8　　　　　　　　　　一阶因子的信度和效度检验

因子	A1	A2	A3	A4	A5	A6	A7	A8	A9
A1	0.517*								
A2	0.237	0.503*							
A3	0.306	0.125	0.549*						
A4	0.511	0.183	0.520	0.688*					
A5	0.320	0.344	0.138	0.194	0.616*				
A6	0.452	0.427	0.246	0.269	0.461	0.513*			
A7	0.373	0.339	0.291	0.258	0.203	0.387	0.525*		
A8	0.295	0.254	0.411	0.312	0.409	0.174	0.435	0.579*	
A9	0.461	0.273	0.363	0.380	0.288	0.163	0.278	0.331	0.556*
Cronbach's α 值	0.979	0.982	0.971	0.820	0.898	0.813	0.801	0.730	0.619
建构信度	0.981	0.991	0.984	0.854	0.913	0.851	0.843	0.772	0.634

注：*对角线上值为因子 AVE 值；对角线下方值为因子间标准化相关系数的平方

表 3-9　　　　　　　　　　二阶因子的信度和效度检验

因子	F1	F2	F3	F4
F1	0.556*			
F2	0.337	0.637*		
F3	0.504	0.291	0.528*	
F4	0.218	0.562	0.144	0.575*
Cronbach's α 值	0.938	0.617	0.717	0.693
建构信度	0.942	0.643	0.741	0.712

注：*对角线上值为因子 AVE 值；对角线下方值为因子间标准化相关系数的平方

3.3.4 供应商创新性构念扎根研究结果讨论

研究基于组织创新性理论、关系观，从供应商、供应商—制造商关系视角，利用定性和定量研究相结合的方法，探索供应商创新性构念的内涵和组成维度并开发供应商创新性测量量表。首先运用组织创新性和关系观对供应商创新性内涵和特征进行深入分析，发现供应商创新性不仅包含供应商自身创新特质，还包含与企业合作创新中所体现的创新特性。其次采用扎根理论研究方法，对我国大中型制造企业进行深入访谈和数据收集，通过对所收集数据进行编码，得到供应商创新性构念的初步内容结构和测量量表。最后，研究借助扎根理论方法得到的初步测量量表，通过大样本问卷调查方法，收集数据并对量表进行探索性因子分析，精炼量表并删除不符合要求的题项，进一步对修正的量表进行信度和效度检验，证明量表具有良好的信度和效度。研究结果表明供应商创新性由技术能力、创新欲求、资源共享意愿和关系协同能力 4 个维度组成，所开发的供应商创新性测量量表亦为供应商创新性相关研究提供有效的测量工具。

实证研究结果表明选择正确的供应商获取来自供应商的创新资源和能力等使其充分为企业创新做出贡献对企业至关重要，研究针对以往供应商创新性研究大多基于组织创新性将供应商看作独立组织探讨其具备的创新特征，缺乏针对供应商—制造商之间伴随物料供应所形成的特殊关系探讨供应商创新性的特殊性该项局限，指出制造企业在评价并管理供应商中不仅注重供应商具备的有利于制造企业的技术能力和其本身创新欲求，还应注重作为制造企业重要合作伙伴所具备的资源共享意愿和关系协同能力，是制造企业评价并管理创新型供应商的重要依据。

第4章 供应商创新性利用：模型构建和研究假设

供应商创新性是企业产品和工艺创新的重要基础，高供应商创新性强调供应商具有不断创新的技术能力、强的创新欲求和将先进技术能力用于制造企业产品和工艺创新的意愿，并且具有强的关系协同能力。如今大多制造企业将关键供应商作为自身创新的重要参与者，企业和供应商之间的边界变得越来越模糊，企业的创新也愈发关注供应商的驱动作用（Henke Jr 和 Zhang, 2010），供应商创新性对企业创新具有重要影响。然而现有研究仅认识到供应商创新性有助于提升企业运作和创新绩效，对于供应商创新性在企业创新过程中如何起作用，供应商创新性如何被有效利用以促进企业创新仍需要深入探索。企业在认识供应商创新性重要作用的同时，需要清楚认识供应商创新性的利用过程，以及如何促进该过程的有效实施，保证供应商创新性顺利高效用于企业创新中。

探索有效利用供应商创新性提高企业创新绩效的作用机制首先需要保证供应商创新性能够持续有效用于企业创新中，使供应商创新性利用过程得到维持。供应商创新性强调供应商不仅具有卓越的创新能力，而且愿意与企业共享知识，Yeniyurt 等（2014）指出供应商积极的合作创新态度显著促进供应商合作创新行为，使得供应商能够主动参与企业的新产品开发过程。在供应商参与进企业产品创新过程中，高供应商创新性促使供应商与企业合作创新，主动采取行动为企业创新提供适用的先进的知识和技能。社会交换理论认为交换是社会成员间以相似的方式进行互惠的过程，合作双方通过互动获得期望的报酬（Narasimhan 等，2009），供应商创新性的利用需要企业与供应商双方不断沟通和互动，供应商为企业共享企业所需要和适用的创新知识和能力，是企业与创新型供应商建立长期合作关系，利用供应商创新性提高双方创新能力的重要基础。供应商创新共享是重要的供应商合作创新行为，企业与供应商合作期望获取供应商在产品和工艺方面的创新，Winter 和 Lasch（2011）提出供应商创新的"推和拉"模型（Push and Pull Model），除企业主动"拉动"供应商不断提高创新成果之外，供应商采取主动并自愿将自身创新"推向"制造企业（Schiele，2012），也是企业获取亟须知识和技术的重要方式。Wagner 和 Bode（2014）指出，企业需通过延长合约时间、合作关系持续时间并加强双方协作的方式，显著增强供应商关系专用性投资对供应商共享工艺和产品创新的影响，帮助供应商将创新推向制造企业，而供应商愿意共享创新并将创新推向企业是企业竞争优势提升的重要驱动。并且，对北美汽车行业供应商调查显示，丰田、本田和尼桑的供应商相比于通用汽车、福特、克莱斯勒等的供应商，更愿与顾客进行创新共享（Henke Jr 和 Zhang，2010）。供应商将自身先进知识和技术及时与企业共享的行为是企业取得并利用供应商创新性的关键，通过供应商创新共享实现双方知识和技术的互动，有助于企业了解和整合所需知识和技术，进而促进自身创新，帮助解释供应商创新性对企业创新绩效提升作用是如何实现并维持的。

其次，供应商创新性利用过程还需企业与供应商采取措施，促进供应商创新共享，增强供应商创新性的利用，保证供应商先进知识、技术向企业创新中转移的过程顺利实施，使得创新过程中供应商知识、技术和能力能够有效发挥。制造企业利用供应商创新性提高企业创新能力，以获得竞争对手不可模仿的竞争优势。传统产业结构论中将租金的产生看作讨价还价的副产品，强调行业进入壁垒是维持租金的重点。资源基础观认为租金是企业拥有的物料资源、知识、技术、资金以及无形资产带来的。与产业结构论和资源基础观不同，关系观解释了关系租金的产生过程，认为关系租金和竞争优势来自跨企业边界关键并嵌入于企业之间的资源的价值增值主动性。关系租金是在合作关系中产生的不能由任一方独自创造的超额收益，必须由特定合作伙伴共同产生的异质资源创造。企业与供应商紧密合作进行创新时，强调企业如何感知、获取和转换来自原战略供应商的资源并用特定的方式组合资源以获得关系租金和建立竞争优势。关系观为企业利用供应商创新性，获取竞争优势提供的理论依据和分析框架。

供应商创新性对企业创新绩效促进作用不仅要维持，还需双方不断努力增强该关系，从以上两方面分析供应商创新性利用机制对制造企业高效利用供应商先进知识具有重要指导作用。研究基于关系观，分析供应商创新性对企业创新绩效的作用如何得到维持并探讨该过程如何被增强以促进企业创新。本章主要探索供应商创新性的利用机制，首先探讨供应商创新共享在供应商创新性与创新绩效之间的中介作用，认识供应商创新性在制造企业和供应商合作创新过程中如何起作用。其次依据关系观，从关系专用性投资、有效治理和知识共享惯例三方面探讨供应商创新共享的中介作用是如何得到增强以促进供应商创新性利用效果。研究在理论分析的基础上提出供应商创新性利用机制概念模型并提出相应研究假设。

4.1 理论模型构建

4.1.1 供应商创新性与供应商创新共享

资源基础观强调，竞争优势来源于随时间不断积累的有价值、稀缺、不可替代和不可模仿的资源。资源的这些特性之所以决定了企业的竞争优势，主要在于资源的匮乏和资源利用的因果模糊性。因果模糊性是认知和战略的构念，解释了决策制定者理解能力和组织绩效产出之间关系的能力（king，2007），该因果模糊性概念适合创新环境，新产品和技术开发的结果依赖于合作双方对产品创新的共同理解，特别是企业与供应商之间知识共享环境下更加依赖于双方共识。供应商创新共享帮助制造企业认识供应商先进知识和技术，并能加深对其的理解程度，有助于消除企业对供应商创新性有效利用的因果模糊性。依据资源基础观和动态能力观，制造企业成功进行产品创新需要不断更新自身资源基础（Allred 等，2011），关键是获取并具备有效利用其战略供应商的资源的能力，持续更新、扩展和适应供应商的资源以获取和保持竞争优势，而供应商创新共享为企业知识基础的更新和拓展提供重要前提和保障。

现有研究认为创新型供应商的创新能力和先进资源是制造企业产品创新成功的重要因素，并提出供应商的运作创新性对企业创新绩效具有重要影响

(Azadegan,2011；Bengtsson 等，2013)。供应商创新性强调供应商能够为制造企业提供持续更新的先进资源、能力并愿意将其用于企业创新中，且在创新过程中有较高的关系协同能力。而有效利用供应商创新性首先关注的重点是必须清楚认识供应商创新性促进企业产品和工艺创新的中间作用机制，才能帮助制造企业明晰供应商创新性的利用过程。为促进制造企业成功进行产品和工艺创新，供应商创新性必须通过供应商创新共享，有效转化为与制造企业新产品直接相关的知识和能力，进一步被制造企业应用于其新产品和工艺中，创造优于竞争对手并能占据较高市场份额的新产品。该过程的揭示需清楚认识供应商的创新资源和能力在与制造企业合作创新过程中所起的作用，即供应商在产品和工艺方面不断与企业共享适用于企业的有价值的观点和资源，从而提高制造企业的创新绩效。社会交换理论认为交换是社会成员间以相同的方式进行互惠的过程，合作双方通过互动获得报酬或期望的报酬(Narasimhan 等，2009)。供应商创新性需通过企业与供应商不断互动实现交换才能被用于企业创新中，是企业对供应商创新性有效利用的前提。供应商创新共享强调供应商与企业共同创新过程中企业从供应商处获得有价值的贡献，是重要的供应商参与创新活动，使供应商创新性成为适用于制造企业产品和工艺创新的资源和能力。供应商自身的资源和能力必须通过其与制造企业合作过程中共同努力使供应商进行创新共享才能使其得以更有效发挥，成为适用于制造企业产品和工艺创新的资源和能力。供应商创新共享是帮助企业认识供应商创新性对企业创新绩效的作用如何得到维持，将供应商创新共享纳入供应商创新利用机制模型有助于理解供应商创新性被有效利用的过程。

4.1.2 基于关系观的供应商创新性利用机制理论模型

在分析供应商创新共享作用基础上，供应商创新性利用机制还需明确企业与供应商如何努力增强供应商创新共享在供应商创新性利用中的作用，促进供应商创新性高效转化为适用于制造企业创新的知识和能力并快速应用于其中。制造企业与供应商关系是企业成功进行创新的重要分析单元，关系观在分析供应商创新性利用中具有重要作用。关系观提出组织间四个关系租金的来源：互补性资源/能力、关系专用性投资、知识共享惯例及有效治理(Dyer 和 Singh，1998)，为制造企业增强供应商创新共享的作用，有效利用供应商创新性提供重要理论框架。

企业关键供应商能够为企业带来高的价值增值,在企业最终产品的差异化上起至关重要的作用,企业与其建立合作关系是为了利用其战略和运作能力来达到有利于合作双方的持续收益。在与供应商合作过程中,制造企业与供应商必须通过有效的方式促进关系租金的产生,获取供应商创新性并运用于自身产品和工艺创新中。根据关系观,供应商创新性与制造企业自身资源和技能等是重要的互补性资源/能力,企业在新产品开发过程中整合供应商,能够互补不足,丰富双方的知识基或更新双方的技术能力,获得单个企业无法完成的创新收益,是双方创新的重要基础,并且先于竞争者获得供应商的创新资源。制造企业选择创新性高的战略供应商进行产品创新的重要原因就是该供应商具备与企业相关的重要互补性资源,是企业成功进行产品创新的关键,供应商的互补性资源是联盟中关系租金和竞争优势的重要驱动。

为探讨制造企业如何利用供应商创新性这一相对于制造企业的互补性资源,研究从关系观的关系专用性投资、有效治理和知识共享惯例三方面,探索供应商创新性的利用机制。

首先,关系专用性适应是重要的关系专用性投资,是组织为未来双方交易的"抵押"。关系专用性投资能够促进更加稳定和创造性的关系,单边的关系专用性投资会带来机会主义行为的风险。特定资产投资是组织对其合作伙伴作出承诺的重要标志,能够激励合作伙伴采取互惠行为,以至于接受投资的一方也能够进行关系专用资产投资,以促使双方长期合作关系的建立,双边关系专用性投资通过降低机会主义行为的风险达到双方利益一致性,因此双边关系专用性投资是增强合作关系、促进相互承诺的有力保障。研究将阐释制造企业和供应商之间相互的关系专用性适应过程如何作为重要的关系专用性投资增强企业之间的相互责任和投入,促进合作产生关系租金。

其次,关系观认为有效治理能够影响交易成本及提高合作伙伴价值创造积极性(Dyer 和 Singh,1998),供应商的合作意愿提升、关系专用性投资及企业与供应商间关系的维护须通过制造企业有效治理作为保障(Inemek 和 Matthyssens,2013)。关系观提出了联盟成员的两类治理方式:第三方执行协议(third-party enforcement of agreements)和自我执行协议(self-enforcing agreements),区别在于是否存在第三方组织介入决定合作双方是否发生违约。

第三方执行协议指合作双方协调纠纷需要第三方执行者强制执行，例如通过正式法定职权执行。相反地，自我执行协议包括允许通过保障措施自我执行合约，该保障措施又有正式和非正式之分，经济或者投资抵押属于正式保障，用以控制交易者的机会主义行为，而声望、信任和嵌入性等属于非正式保障。关系观指出，非正式的自我执行治理方式能够在议价、监控和复杂适应等方面降低交易成本，企业能通过降低交易成本、提供价值创造积极性的激励产生关系租金。由于正式保障中正式抵押的边际成本高于非正式保障，且正式保障容易被竞争对手模仿，而非正式保障因交互关系的异质性较显复杂，是最有效和最节省成本的保障措施，能够促进复杂互动并鼓励成员从事于价值创造中（Inemek 和 Matthyssens，2013），非正式的保障比正式的保障和三方执行协议更能产生关系租金（Dyer 和 Singh，1998）。制造企业利用供应商创新性过程中，与供应商建立长期合作关系，在初期通过第三方契约治理基础上，随着关系的深入，需要更多运用非正式的自我执行治理，建立良好的合作关系，为供应商创新知识和能力的获取和利用提供保证。权力作为组织间关系的核心和企业有效治理供应商的重要方式，在供应商创新性利用中发挥重要作用。关系制度（guanxi institution）是通过重要的社会关系存在的一种认知制度，是个体进行互惠交换并保证其得到治理的规则和规范，对企业的行为具有重要引导作用的非正式制度。研究从权力和关系制度两方面非正式保障措施探讨制造企业在对利用供应商创新性的治理。

最后，合作伙伴关系为组织的新技术和创新提供不可或缺的新观点和信息，基于此，组织间知识共享惯例促进组织间产生关系租金。组织之间知识共享惯例是企业之间允许转移、重组以及创造专业知识的互动规律，促进组织之间产生关系租金。企业能够有效利用外部知识依赖于其现有的知识基础或吸收能力，制造企业吸收能力能够创造知识共享惯例进而提升企业竞争优势，有效促进企业获取外部知识（Dyer 和 Singh，1998），研究利用潜在吸收能力和实际吸收能力探讨供应商创新性如何有效利用促进企业创新绩效。

1. 关系专用性适应

关系专用性投资是组织为支持与特定的合作伙伴之间关系而做出的不可回收的投资，是为满足合作关系要求进行更改的隐性或者显性资产。供应参与制造企业产品创新中，其关系专用性投资能够增强关系的效率和有效性，承诺得到预期的收益，普遍用于新产品开发和供应商参与创新的相关研究中，提高产品创新性，缩短产品开发周期（Song 等，2011；Wagner 和 Bode，2014）。资产的专业化是组织间产生关系租金的重要条件，合作双方需为共同建立竞争优势做出独特和专业的投入。关系专用性适应可看作是合作双方对未来交易的"抵押"，作为关系专用性投资的重要形式（Roden 和 Lawson，2014），关系专用性适应指组织为其合作伙伴做出显性或隐性的适应，能够引起组织间的相互依赖和责任，具备关系异质性，用于其他合作关系中将会失去其价值。并且随着时间的推移，该适应行为能够从潜在的经济互动转变为社会嵌入的关系互动，降低机会主义行为（Caniëls 和 Gelderman，2010）。现有研究大多讨论制造企业或供应商各自单方面的适应行为，各适应行为具有不同的动机和目的（Schmidt 等，2007），而在供应商参与新产品开发中，制造企业整合供应商的目的在于促进自身产品和工艺创新，达到该目的需要企业与供应商共同做出针对对方的特殊且不可转让的相互关系专用适应行为，降低机会主义行为达到双方利益一致性。当应用于共享价值和目标的二元关系情境中，制造企业与供应商间相互关系专用性适应是增强合作关系、促进相互承诺的有力保障。研究将阐释制造企业和供应商之间相互关系专用性适应如何作为重要的关系专用性投资增强企业之间的责任和投入，增强供应商创新性的利用过程。

2. 权力

在制造企业与供应商合作关系中，权力是制造企业影响或控制供应商行为和决策的能力（Narasimhan 等，2009；Nyaga 等，2013），认识权力—依赖之间的关系有助于充分理解制造商—供应商之间权力。依赖指交互一方对另一方的吸引力，社会关系建立在相互依赖的基础上，供应链由相互依赖的组织间复杂的社会关系组成，供应链成员实现其他成员的目标的能力体现双方的相互依赖，是成员权力的基础。通过相互依赖，交互的成员间能够控制或影响其他成员间的经营活动。单边的依赖减少合作双方共享信息的可能性，阻碍在合作中产生创新观点，弱势一方由于转换成本造成的退出壁垒及会使其感知到更大的风险，使合作关系更加算计，削弱了合作双方的忠诚度，而相互依赖能够增加合作双方共享内部和外部资源的意愿（Vázquez – Casielles 等，2013）。在供应商参与制造企业产品创新过程中，该关键供应商拥有其他供应商所不能提供的先进技术和资源，制造企业对该供应商的依赖增强，并且该供应商亦依赖于制造企业，若没有与制造企业的相互依赖关系，其先进技术不能得到有效应用，价值将会明显降低，因此尽管权力在二元关系中的分布并不平衡，但是相互依赖关系仍然存在（Narasimhan 等，2009）。而制造企业为了平衡合作关系中的依赖关系，防止供应商的机会主义行为，最重要的是避免供应商将核心技术贡献于其他竞争对手。企业需利用权力获取供应商的先进技术提高自身资源的地位，影响供应商的行为和决策。权力是制造企业有效利用供应商创新性的重要治理方式。权力是多维度概念，包括专家权力、认同权力、法定权力、奖励权力和强制权力，并被分为媒介权力和非媒介权力，在供应链管理相关研究中得到广泛运用（Benton 和 Maloni，2005）。前三者被称为非媒介权力，该类权力不依赖于制造企业对供应商明确实施的影响行为，而是通过间接影响供应商的感受以实现其权力，供应商可以选择是否受到制造企业权力的影响；后两者被称为媒介权力，指制造企业对供应商的有意控制行为，通过奖励和强制手段要求供应商实现企业目标（Pulles 等，2014；Terpend 和 Ashenbaum，2012；Zhao 等，2008）。在中国情境下，企业更多使用媒介权力影响供应商行为，并在供应商创新性利用中，比非媒介权力需要更少的实施时间（Benton 和 Maloni，2005）。而且关系（guanxi）是中国文化价值观下的一种行为结果，能够为业务伙伴提供优待，以换取对方的支持和应尽的义务（Zhao 等，2008），是由道德约束的社会规范，受益人需在合适的机会给予利益提供者期望的回报，若未提供回报则会使管理者及其企业丢面子，关系建立在期望的互惠基础上，奖励权力在中国企业间的作用是非常强的。供应商创新性利用过程要求制造企业注重利用权力，通过有意的控制活动，有目的地改变供应商行为，以促进供应商更好地进行资源配置，研究利用奖励权力和强制权力，探讨制造企业如何治理能够更好利用供应商资源和能力。

3. 关系制度

近年来，中国努力建立现代的法律体系保障政府职能，促进生产率、维持政治稳定和经济增长，但由于处于转型经济环境下，法律并不能得到有效实施，中国大多数商业基础设施和相关机构效率仍较低。相对于西方国家完善的法律体系，中国企业业务开展更依赖于社会关系的发展。依据嵌入性理论，企业交易活动嵌入于社会关系中（Granovetter，1985），社会关系是协调组织间交互的重要非正式治理方式（Berger 等，2013）。在儒家思想根深蒂固的文化和历史背景下，关系（guanxi）是中国社会环境下主要的互动和交易模式（Zhao 和 Timothy，2015）。关系在中国本土社会科学研究和作为合法的社会—文化构念，在人类学、社会学、企业管理等领域主流研究中占据重要地位（Chen 和 Chen，2004）。中国情境下的关系一般的表现形式是社会联系（Social Connection），是影响商业活动的非正式朋友、合伙人或社交网络。在商业机构和相关制度不能发挥作用时，关系从个人层面转移到组织层面促进有效的组织间交互（Berger 等，2013）。由于法律体系和文化差异，中国和西方国家在商业运作方式方面存在很大差别，作为中国社会主要互动和交易模式，关系对组织间建立信任和信息整合具有重要作用（Berger 等，2015；Cai 等，2010），当正式的法律制度不能达到企业目的时，关系成为企业社会资本的重要来源。鉴于关系能够为企业提供及时、丰富和最小化偏见等方面信息优势，中国管理者倾向于通过关系获取所需要的信息（Cai 等，2010）。在组织层面上，这些非正式个人关系为实现企业目标而由其所在的企业组织，这些关系组成组织层面的社会资本，关系中涉及的个人和企业通过社会规范致力于双方互惠合作，该互惠的信息交互日渐形成合作伙伴商业交互规则（Cai 等，2010）和中国情境下特定的治理方式（Yang 和 Wang，2011）。

Cai 等（2010）运用制度理论，提出文化是制度的重要组成，关系是中国情境下的重要制度力量。制度环境是组织为接受合法性和支持而必须遵守的规则，其中文化—认知制度表示社会参与者间互动建立起的非正式的、理所当然的规则和信仰，关系是中国重要的文化—认知制度之一，是法律保护和政府支持之外，治理商业交易的重要非正式制度，有助于引导组织采取适当的行为（Cai 等，2010）。制度理论能解释关系作为治理方式的功能（Yang 和 Wang，2011），关系制度是对个体如何做出互惠交换进行治理的规则和规范（Cai 和 Yang，2014）。关系制度是组织中人际互动的结果，同时组织中成员的行为受到关系制度的制约。制造企业对供应商创新性的利用包括有效获取供应商显性和难以编码、表达的隐性知识,密切沟通和紧密的合作是供应商创新性利用的基础,制造企业和其战略供应商之间关系由早期交易关系向紧密的协同合作演化,企业和战略供应商之间长期保持聚会、会议、相互访问、学习团队等社会化互动活动,在持续该活动所建立的紧密协同合作的基础上,关系制度在制造企业与供应商间互动中促进知识在企业间转移具有重要作用。制造企业与供应商建立合作,培养良好的关系,通过关系制度有效治理制造商和供应商的行为。

4. 吸收能力

吸收能力是知识创造和利用的动态能力,加强企业获取和维持竞争优势,Zahra 和 George(2002)分析以往研究成果,提出吸收能力是组织通过一系列惯例和过程获取(Acquistion)、消化(Assimilation)、转化(Transformation)和应用(Exploitation)外部知识产生动态组织能力的过程。其中知识的获取和消化是对外部知识的识别和获取,属于潜在的吸收能力,知识的转化和应用是通过将现有知识和新获取的知识进行组合产生新的观点和结论并应用于企业运营中,属于实际吸收能力。吸收能力的获取维度指企业识别和捕获对企业运营关键的外部知识,是对外部知识的识别和价值评估过程;消化维度由企业的管理和过程组成,使企业能够分析、处理、解释和理解从外部获取的信息,强调企业对知识的解释和理解,将新的外部知识与企业自身知识基的结合;转化维度是指在现有企业的工艺和产品中将外部知识内部化,表示企业建立和精炼企业惯例促进其将现有知识和新获取并吸收知识进行结合,例如增加或删除知识,或将相似的知识采取不同的方式进行解释;应用维度是组织通过将已获取和转换的知识通过合并、精炼、拓展并利用现有能力,或者将获取和转换的知识内部化创造新能力并最终应用于自身运营中,强调将获取的外部知识有效用于企业最终商业目的(Leal‐Rodríguez 等,2014)。

吸收能力指企业从特定联盟伙伴处识别和吸收有价值知识的能力,该能力能够帮助企业完成相应的组织间合作进程,促进其系统地识别有价值知识并将其跨组织边界进行有效转移。制造企业产品创新过程中,企业期望不断提高自身吸收能力吸收和整合战略供应商的技术知识以感知、掌握并转换新获取的知识获得创新成功（Lawson 等，2015）。当供应商具备与企业异质且互补的知识时，企业通过合作获取供应商知识，提高吸收能力变得尤为重要。利用供应商创新性要求制造企业获取并有效转化供应商的知识，企业拥有潜在吸收能力并不能保证其能够对所获得的外部知识进行有效利用，实际的吸收能力在潜在吸收能力基础上反映企业对所吸收能力的利用（Leal - Rodríguez 等，2014），企业吸收能力和创新能力越不易模仿，企业越容易成功进行创新。企业潜在吸收能力和实际吸收能力在供应商创新性利用过程中解释供应商创新性的转化过程促进企业创新具有重要作用。

基于以上理论分析，供应商创新共享在分析供应商创新性利用过程时能够提供有效思路。依据关系观，制造企业和供应商之间的相互关系专用性适应、权力和关系制度，能够促进供应商创新性有效转化为能被企业利用的直接价值，此外，关系专用性吸收能力中的潜在吸收能力意味着制造企业对供应商创新性的获取和吸收，有助于供应商创新性的识别和理解，对供应商创新共享在供应商创新性与创新绩效中介作用的第一阶段具有调节作用。而实际吸收能力意味着企业对其所获取并理解的供应商创新性的转化和应用，能促进企业将已有知识基与所获取知识有效整合并运用于新产品开发中，对供应商创新共享中介作用的第二阶段具有调节作用。综上所述，研究提出相应概念模型如图 4 - 1 所示。

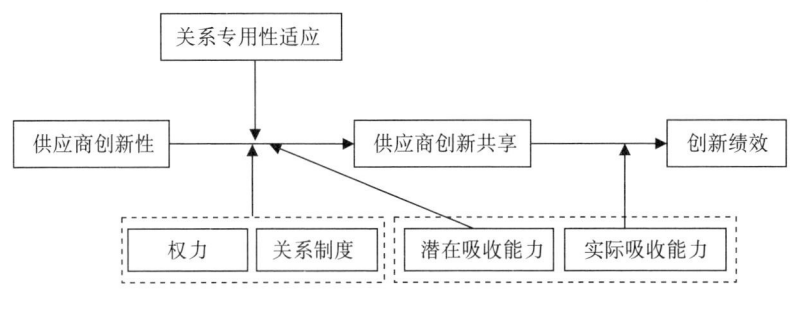

图 4 - 1 概念模型

4.2 研究假设的提出

4.2.1 供应商创新性对供应商创新共享的影响

供应商创新性是供应商与企业合作创新中所体现的重要特性，着重于供应商有能力并且有意愿为制造企业提供其所缺少的知识和技术，或者通过双方的优势互补提升企业创新能力。制造企业为生产最好的产品获取市场竞争力，渴望有效利用供应商的创新性，供应商的资源和能力对企业产品和工艺创新的作用至关重要（Henke Jr 和 Zhang，2010），同时供应商与企业共同合作创新参与进企业创新过程能够帮助其了解潜在的商业机会，以更好规划未来投资和计划资源配置，并且更好地了解企业需求，企业与供应商合作进行产品创新有利于双方共同发展。供应商创新性可以看做是供应商在合作中的关系专用性资产和制造企业的互补性资源，强调供应商能够不断进行自我提升、具备适用于制造企业产品创新的先进技术和能力并且愿意在企业创新过程中为其提供创新。

供应商创新性是企业成功进行产品和工艺创新的前提，而供应商的先进技术和能力的有效发挥必须在供应商参与进企业产品创新与企业互动过程中，通过不断了解企业需求和期望，与企业进行紧密沟通实现。创新共享为双方提供相互学习的机会（Takeishi，2002），促进制造企业向供应商学习并有效利用供应商创新性，供应商的创新共享行为对企业产品和工艺的创新具有重要推动作用。供应商创新共享强调供应商与制造企业的紧密互动和共享创新知识的行为，在产品创新方面能够与企业合作开发新产品或新技术响应企业需求，工艺创新方面能够采用新方法和程序、或采用最新技术开发新工艺响应企业需求。研究认为，供应商创新性能够有效促进供应商创新共享。首先，供应商创新性各维度有助于供应商创新共享。由于制造企业与供应商之间伴随物料供应所形成的特殊关系及制造企业对供应商所具备资源管理利用的特殊性，供应商创新性强调制造企业与供应商合作过程中供应商所体现出的创新性。供应商创新性强调供应商作为独立组织拥有较强的技术能力和创新欲求（王玮等，2015），能够不断实现自身的提升和创新，有能力为企业产品创新提供先进零部件和先进技术，使企业在产品质量、生产成本和交付时间等方面得到持续改进，增强供应商合作创新的信心和将自身创新有效发挥以创造更好产品的动力，将成为企业创新的基础，同时也是供应商创新共享的基础，促进供应商创新共享行为。另外供应商的资源共享意愿和关系协同能力是供应商与企业合作创新过程中体现的重要维度，供应商合作创新的态度与创新行为紧密相关（Yeniyurt 等，2014），在该积极合作态度的驱动下，该核心供应商与制造企业及企业其他供应商的的关系协同能力成为合作成员间沟通和工作的保障，为供应商创新共享提供支持。其次，供应商也渴望与企业合作过程中获得企业掌握的市场信息、先进的技术和竞争对手的相关信息等，提高自身竞争力，该互利合作的内在动机促使供应商愿意并积极行动将自身新知识和技术用于企业产品和工艺创新中，努力与企业共享新知识和技术共同发展。

H1：供应商创新性对供应商创新共享具有正向影响

4.2.2　供应商创新共享的中介作用

创新是企业超越竞争对手取得竞争优势的关键，创新过程和所需知识不能局限于单一企业中，依赖外部资源进行创新是企业提升竞争力的重要方式。供应商作为制造企业上游物料和信息的重要提供者，能够清楚了解企业的运营情况和需求，是企业产品和工艺创新的重要来源（Azadegan 和 Dooley，2010；Henke Jr 和 Zhang，2010）。创新要求组织将新观点和新知识用于新产品和新工艺中（Wagner 和 Busse，2008），企业产品创新和工艺创新需要供应商提供大量知识和先进技术，并能帮助企业有效运用于新产品创新过程中。Lawson 等（2015）提出供应商的技术能力作为企业的互补性资源，能够促进企业新产品相对竞争对手取得更大优势。Azadegan 和 Dooley（2010）认为供应商创新（新产品、新生产方法、新市场和新业务流程等）促进企业制造绩效提升。供应商参与企业产品创新过程中，企业渴望在新产品开发的不同阶段获取供应商的创新和产品开发能力以自身的新产品开发项目绩效（Wagner，2012）。制造企业从创新型供应商处获得质量和价格方面期望的直接收益和新技术、新创新流程和为企业吸引新顾客等方面间接收益能够提高企业运作有效性（Azadegan，2011）。供应商的技术能力和创新资源对企业创新具有重要作用。

供应商创新性有助于企业创新绩效的提升。供应商创新性是供应商与企业合作进行产品创新过程中所需具备的重要特性，供应商创新性的技术能力、创新欲求、知识共享意愿和关系协同能力四个维度体现供应商帮助企业创新的能力和合作态度。高供应商创新性体现供应商对外界环境变化和风险具有更强的接受力并勇于面对新的挑战，供应商不仅能够积极捕捉并面对外部环境变化，还能勇于接受新观点和新方法。为不断适应外界环境的变化，供应商具有市场领先的技术能力，在前沿技术的研发、推出新产品的速度和成功率方面都领先于其竞争对手，并在制造工艺、生产方式和生产技术等方面能够不断更新并超越竞争者，这些意味着供应商具有先进的技术能力和创新潜力，制造企业与供应商建立良好合作关系进行产品创新，这些特性是制造企业产品和工艺不断创新并处于行业领先的重要保证。供应商的知识共享意愿是企业与供应商合作成功与否的重要原因，具有高创新能力的供应商愿意将自身产品和工艺创新应用于制造企业，是供应商创新性的重要方面。在参与企业产品创新的设计和制造过程中，供应商能够以积极的态度与其信任的企业交流，愿意提供自身的新观点和解决方案，能够主动了解企业的需求并愿意做出关系专用投资，主动迎合企业需求，这些乐于合作和奉献的态度体现供应商对企业的信任和创新开放性（Pulles 等，2014），有助于合作双方沟通交流和相互了解，提高企业的制造能力、产品绩效和客户化能力，供应商知识共享意愿在长期合作中直接或间接为制造企业创新相关收益做出的重要贡献（Henke Jr 和 Zhang，2010），对制造企业产品和工艺创新不可或缺。成功的制造商—供应商关系的重要方面是双方能够建设性地合作（Allred 等，2011），而高的关系协同能力表明供应商能够致力于建立良好的合作关系，主动适应并支持制造企业的产品创新过程，通过适应企业生产环境、工艺流程、研发生产计划以及与其他供应商合作等为产品的设计和工艺的改进提供支持，减少企业产品开发过程中的障碍，提高产品研发生产效率，对企业创新绩效的提升具有重要作用。

与此同时，研究认为供应商创新共享对企业创新绩效具有积极作用。供应商创新共享是重要的供应商创新行为（Henke Jr 和 Zhang，2010），强调供应商从长远考虑，不局限于对关系成本和近期收益的简单评估，而是关注与企业的长期交互关系及长远收益。研究表明，供应商的先进知识和技能对制造企业产品和工艺创新具有重要作用（Gao 等，2015；Lawson 等，2015），企业和供应商拥有不同领域的知识，双方须将各自差异化的知识和专有知识有效结合，形成企业和供应商之间特有的知识和技能才能有助于企业创新（Henke Jr 和 Zhang，2010），企业和供应商之间的长期合作和频繁互动保证该活动的有序进行。供应商创新共享强调供应商针对制造企业产品和工艺创新相关需求，支持企业创新所采取的实际活动。在双方互利合作关系基础上，该创新共享行为围绕企业需求，为制造企业提供其产品创新所需要的新技术、新想法和新工艺流程等，产生制造企业产品和工艺创新所需要的知识，体现供应商帮助企业创新的潜力和为其付出创新资源的承诺，有效促进供应商和企业知识的整合（Lager 等，2014），高的供应商创新共享有助于企业建立有竞争力的供应链。企业快速的产品开发对新技术和新知识的需求要求供应商积极参与企业创新过程，企业需要通过跨组织边界从供应商处获取与自身互补的知识（Rosell 和 Lakemond，2012），供应商创新共享超出了仅对供应商参与企业创新重要性及所能够提供的知识的简单评估，而强调供应商实际能够提供关系专用知识和技术。频繁的合作互动帮助双方建立共同的知识储备、创新能力和资源（Yan 和 Dooley，2014），为企业更好地掌握供应商知识提供重要基础。供应商创新共享体现供应商参与企业产品创新过程的合作的努力，对企业产品和工艺创新绩效提升具有重要作用。企业利用供应商创新性进行创新需经过双方知识和技术的投入与有效结合，而供应商创新共享正是供应商为与企业共同努力实现创新目标的重要行动。供应商的知识和技术是企业创新的重要驱动（Henke Jr 和 Zhang，2010），但是在该知识和技术等的利用效果方面参差不齐（Wagner，2012），供应商创新共享帮助企业认识供应商创新性促进企业创新绩效的重要路径。基于以上分析，研究认为供应商创新性以供应商创新共享为中介，促进企业创新绩效提升，提出如下研究假设：

H2：供应商创新共享在供应商创新性和创新绩效之间起着中介作用

4.2.3　关系专用性适应的调节作用

供应商创新性作为供应商的重要特质，能够对供应商创新共享和企业创新绩效产生影响,但是该关系受双方相互关系专用性适应的影响。相互关系专用性适应作为关系专用投资的重要形式,是供应商参与制造企业产品创新过程中,企业与供应商为支持目标的实现在产品和工艺等方面所做的共同改变和努力,而供应商创新性体现供应商的合作意愿且提供有利于企业创新的资源,研究表明,企业与供应商间相互适应行为能够促进双方互动影响资源配置和合作的有效性(Mukherji 和 Francis,2008)。

关系观强调,企业的核心资源通常是跨边界的,嵌入于组织间合作惯例和程序中,企业通过异质的组织间关系形成的独特组合产生关系租金。关系专用性适应是一个演化过程,供应商参与制造企业产品创新过程中,制造企业和供应商经过不断努力使关系持久并具有创造力(Sambasivan 等,2013)。组织对合作伙伴的适应程度取决于对对方资源的依赖,适应性代表组织追求共同收益指导共同活动而采取有目的的行动或措施,在关系环境中组织之间共享有价值的信息和知识,适应性即作为提高信息利用效率的重要方式(Nyaga 等,2013),对供应商创新性在制造企业创新过程中更有效发挥作用。制造企业与供应商间适应行为包括双方为满足合作伙伴的需求而更改工艺、产品技术或者更改相关程序,还包括为研究、新制造技术等方面做出的投资。合作双方都致力于特定的调整能够有效巩固和增强关系的稳定性,并且相互适应体现一种可信赖的承诺,能够创造内生的保障(Roden 和 Lawson,2014),促进合作关系的强度、稳定性和持久性。

1. 制造企业对供应商的关系专用性适应的调节作用

适应性代表制造企业和供应商之间有目的的活动,引导共同行为追求双方共同利益。制造企业对供应商的关系专用性适应同样受到广泛关注。制造企业对供应商的关系专用性适应(以下简称"制造企业关系专用性适应")可看作是企业期望与供应商合作并使其能够感受到企业对合作关系的承诺,能够有效影响供应商致力于合作活动的态度。制造企业高水平的关系专用性适应行为表示企业能够在与供应商合作中在产品、工艺方面做出改变以适应供应商的要求。相反,制造企业低水平的关系专用性适应表示企业未能对供应商的建议作出改变以支持供应商的投资和建议。研究认为制造企业关系专用性适应能够增强供应商创新性与供应商创新共享间的关系。具体而言,高的制造企业关系专用性适应表明企业通常通过配置企业产品和生产系统对战略供应商所建议的零部件相应变化做出响应（Nyaga 等，2013），体现企业努力为合作创新高效开展和供应商的要求在产品特性、工艺流程和生产系统上作出改变以更好配合供应商的新技术和创新建议，供应商会提高对其的信任程度（Roden 和 Lawson，2014），合作关系亦会变得愈发成熟有效，合作中冲突、误解的可能性降低，消除供应商对企业机会主义行为的顾虑，加强了供应商的合作意愿，即供应商的能力和资源能够有效在合作中共享受到来自制造企业的推动和保障。相反，低的制造企业关系专用性适应表明制造企业通常不能做到产品特性、工艺流程以及机械设备等方面对供应商所提供的新知识和新技术做出及时的响应，使得供应商难以将新知识与制造企业产品和工艺方面的需求结合，供应商在与企业创新共享中将会觉得力不从心，难以发挥供应商创新性的作用，供应商创新性难以有效促进供应商创新共享。为此研究提出如下假设：

H3a：制造企业对供应商的关系专用性适应正向调节供应商创新性与供应商创新共享之间的关系，供应商对制造企业的关系专用性适应水平越高，供应商创新性与供应商创新共享之间的正向关系越强，反之越弱

结合假设 H2 和假设 H3a，研究认为制造企业关系专用性适应对该中介作用具有调节作用，是有调节的中介作用。具体地，高制造企业关系专用性适应表明企业对供应商的资源有更强的响应能力，满足供应商的相关要求，能够为供应商创新性有效用于制造企业提供重要支持，同时为供应商付出的知识和资源提供重要保障，使得供应商对企业有更高的信任，较高程度的信任有助于供应商提供企业需要的先进知识和技术，进而通过双方互动和资源配置围绕制造企业需求共享企业所需的资源。同时制造企业高关系专用性适应使得企业在合作中深入了解并理解供应商的新知识和技术，促进供应商创新性有效转化为企业需要的资源，更易于与企业自身资源结合创造新产品和新技术，为企业带来高创新绩效。该情况下供应商创新性通过供应商创新共享影响企业创新绩效的可能性会提高。相反，制造企业关系专用性适应水平低往往为供应商带来不安全感，使其感受不到企业的响应和支持，从而缺少创新共享的动力，并且削弱创新共享的效率和效果。与高制造企业关系专用性适应相比，关系专用性适应低时供应商创新性对供应商创新共享的影响减弱。

在此情况下供应商创新性通过供应商创新共享对创新绩效的影响也将降低。基于以上分析，供应商创新性对供应商创新共享的影响受到制造企业对供应商的关系专用性适应的调节，进而影响企业创新绩效，属于第一阶段被调节的中介效应。为此提出如下假设：

H3b：制造企业对供应商的关系专用性适应正向调节供应商创新共享在供应商创新性和创新绩效的中介效应，供应商对制造企业的关系专用性适应越高，该正向的中介效应就越强，反之越弱

2. 供应商对制造企业的关系专用性适应的调节作用

相互关系专用性适应包括供应商对制造企业的适应和制造企业对供应商的适应。高的供应商对制造企业的适应表明供应商通常会改变自身工艺和产品等以适应制造企业的需求，低的供应商适应则相反，供应商虽具有先进的技术和资源，不太愿意根据制造企业产品创新过程中的需求过多改变自身产品、工艺和技术。由于供应商拥有先进的知识和技术，对其所属行业中大多制造企业具有很强的吸引力，并且供应商的关系专用性适应行为使其资源适用于特定制造企业无法再用于其他制造企业，在此过程中供应商需不断拓展其知识基础增加对产品创新的付出，该方面成本不利于供应商做出关系专用性适应。所以在竞争激烈的市场环境中制造企业对供应商创新资源和能力依赖程度高的情况下，供应商对制造企业的关系专用性适应是关键，探讨供应商适应行为在供应商创新性利用中的作用显得非常重要。实现供应商创新性的利用的重点是能够促进供应商创新性在企业产品创新过程中有效发挥作用，将供应商具备的先进技术和专业知识用于制造企业产品创新中。对于高供应商关系专用性适应，供应商创新性能够基于供应商在机器设备、人员配置、产品设计、生产过程、管理程序及组织结构等方面一系列变更，实现先进技术和知识的改变，尽可能地为更大范围和更高程度上为企业提供适用的产品和工艺创新，并且高供应商关系专用性适应使得供应商所投入的资源转换成本提高，为其他制造商创造价值的可能性小，有利于该供应商与企业深入合作做出有助于企业产品创新的行为并提供企业所需的相关资源和技术。而对于低供应商关系专用性适应，拥有行业先进知识的供应商在合作过程中较少在上述机器设备、人员配置、产品设计和管理程序等方面做出针对制造企

需求的适应行为，供应商技术和知识得不到有效转变，不利于供应商与企业共享创新知识。基于以上分析，提出如下研究假设：

H3c：供应商对制造企业的关系专用性适应正向调节供应商创新性与供应商创新共享之间的关系，供应商对制造企业的关系专用性适应水平越高，供应商创新性与供应商创新共享之间的正向关系越强，反之越弱

结合假设2和假设3c，研究认为供应商关系专用性适应是有调节的中介效应（Moderated Mediation）（叶宝娟和温忠麟，2013），有调节的中介模型表明模型中首先具有中介效应，再考虑中介效应是否受到调节变量的调节，该中介效应何时较强，何时较弱，有调节的中介作用更深入揭示自变量对因变量的作用机制（温忠麟和叶宝娟，2014），有助于解释关系专用性适应在供应商创新性利用中的作用。具体而言，高水平供应商关系专用性适应的供应商能够积极改变自身的产品、技术和工艺满足企业的创新需求，在与企业合作中更好地发挥供应商创新性的优势，对供应商与企业合作创新共享新知识和技术提供更充分的支持和更高的承诺，致使供应商针对企业要求更易于根据自身创新知识和能力促进提供新知识的行为。同时，随着供应商关系专用性适应的提高，供应商在合作创新中参与程度和对制造企业的了解也逐渐深入，双方合作关系的深化促进紧密沟通和细致的信息传递，供应商资源的关系专用性使得供应商对企业的依赖性增强，供应商对自身先进技术和资源高效应用于企业新产品和新技术中更加专注，制造企业创新过程中有供应商的协助也更加得心应手，供应商创新性能够有效转化为适用于制造企业的技术和知识，这些新知识和技术是企业创新绩效提高的重要因素。在该情形下，供应商创新性通过供应商创新共享影响企业创新绩效的可能性越高。反之，低供应商关系专用性适应表明供应商往往较不愿围绕企业需求做更多投入改变自身产品、工艺和技术，缺少对企业创新的支持和承诺，对新知识和新技术的共享也无法达到企业期望的效果，影响供应商创新性在企业产品创新过程中的有效发挥。因此，与高供应商关系专用性适应相比，供应商关系专用性适应低时的供应商对供应商创新共享的促进作用也较低。在这种情况下供应商创新性对创新绩效的影响也较少通过供应商创新共享影响。基于以上分析，供应商创新性对供应商创新共享的影响受到供应商对制造企业的关系专用性适应的调节，进而影响企业创新绩效，属于第一阶段被调节的中介效应。为

此提出如下假设：

H3d：供应商的关系专用性适应正向调节供应商创新共享在供应商创新性和创新绩效间的中介效应，供应商的关系专用性适应越高，该正向的中介效应就越强，反之越弱

4.2.4　权力的调节作用

权力是组织间交易关系的核心，可被看作企业通过惩罚或者奖励手段引导合作伙伴为其提供所期望行动的重要机制（Pulles 等，2014），是协调和促进关系、解决冲突并加强整个供应链网络绩效的有效工具（Belaya 等，2009）。其中强制权力指企业对供应商未能达到其期望所施加惩罚的能力，奖励权力指企业通过提供回报吸引供应商采取企业希望的行动。制造企业期望利用权力通过有意控制引导供应商响应的力度来改变供应商的活动（Maloni 和 Benton，2000），企业成功运用权力能够得到所期望的供应商行为。供应商参与制造企业产品创新过程中，企业渴望利用供应商的知识促进自身产品创新，尽管对于制造企业，供应商创新性表示供应商有能为其提供创新技术和资源的能力和为其创新的意愿，但其利用于企业产品开发中的效果在某种程度上仍受供应商治理的影响，企业所使用权力在供应商创新性与供应商创新行为的关系中具有重要作用。

1. 奖励权力的调节作用

奖励权力体现为供应商满足制造企业需求和制造企业为其提供的回报，例如通过增加与供应商的业务往来的方式帮助供应商提高其创新能力，实质上双方通过互利共赢使合作关系进一步增强。企业越多使用奖励权力意味着企业有能力为供应商提供有吸引力的回报（Pulles 等，2014），供应商得到回报有助于提高其满足制造企业创新需求的意愿和责任心，促进供应商与企业的深入合作。而企业低的奖励权力意味着企业不采取回报的方式鼓励和引导供应商的行动。对供应商而言，奖励权力影响供应商对所投入知识和技术的收益及合作关系的感知。研究认为企业奖励权力能够增强供应商创新性与供应商创新共享之间关系。奖励权力提升供应商对合作的积极感知（Nyaga 等，2013），鼓励供应商参与产品创新的积极性。企业对提供创新观点和产品的供

应商给予优厚的奖励，能够进一步加强供应商的合作意愿和创新资源配置的主动性，不断适应外部市场变化寻求自身创新资源的丰富和提升并将其用于企业创新中。奖励权力能够显著提高供应商满意度（Benton 和 Maloni，2005），在提升供应商的合作创新动机的同时引导供应商向有助于企业需求的方面做出行动，例如奖励供应商探索有关新产品市场迎合需求的努力、在新产品所需新技术方面的投入以及供应商对协调合作关系方面的支持等，使供应商能够感知到所付出努力能得到鼓励和回报，供应商创新性会被更高程度用于企业创新中，通过促进供应商创新共享满足制造企业需求。反之，企业较少使用奖励权力会弱化供应商对其付出所获得收益的信心，并降低创新资源能被有效利用的认知，从而降低供应商对企业产品创新的实际付出，降低供应商参与创新的行为，减少供应商自身资源在企业产品创新和工艺创新中有效运用。该情况下供应商核心技术和能力也就不会被高效共享于企业创新中，结合以上分析，提出如下研究假设：

H4a：奖励权力正向调节供应商创新性与供应商创新共享之间的关系，企业越多使用奖励权力，供应商创新性与供应商创新共享之间的正向关系越强，反之越弱

结合假设 H2 和假设 H4a，研究认为奖励权力对该中介作用具有调节效应，是有调节的中介效应。供应商创新共享强调供应商依据企业需求紧密互动与共享创新知识的行为，研究从供应商实际参与创新活动的角度解释供应商创新共享对创新绩效的中介作用。有调节的中介模型中，调节变量通过中介变量起作用，权力有助于分析企业如何能够更有效利用供应商创新性，利用供应商创新共享有利于对企业有效治理所起调节作用的机制进行解释。首先，企业越多使用奖励权力的制造企业对供应商的创新行为提供激励，通过采取一些激励措施鼓励供应商将自身创新更好用于制造企业产品和工艺创新中。当供应商具备较高的供应商创新性时，制造企业高的奖励权力会因体现企业积极的合作态度促进供应商合作主动性进而提高供应商创新性的利用效果，供应商创新性对供应商创新共享的影响也会增强。同时，制造企业高的奖励权力能够增强和引导供应商创新性的提升，供应商不断提高的知识和能力是企业创新绩效的来源，更有助于企业创新绩效的提高。相反，企业较少使用奖励权力体现其较少对供应商参与创新活动采取鼓励措施，高供应商创

新性的供应商在合作过程中不能感知到企业对其付出创新的回报和支持，减弱了供应商为企业提供先进知识和技术的主动性，供应商创新性不能有效用于企业创新。与高奖励权力相比，奖励权力低时供应商创新性对供应商创新共享的影响减弱。在此情况下供应商创新性通过供应商创新共享对创新绩效的影响也将降低。基于以上分析，供应商创新性对供应商创新共享的影响受到制造企业奖励权力的调节，进而影响企业创新绩效，属于第一阶段被调节的中介效应。为此提出如下假设：

H4b：奖励权力正向调节供应商创新共享对供应商创新性与创新绩效的中介效应，企业越多使用奖励权力，该正向的中介效应就越强，反之越弱

2. 强制权力的调节作用

制造企业使用强制权力的目的是要求供应商遵守其所提出的要求，倘若供应商不能完成企业的要求，将受到相应惩罚。强制权力降低了供应商在合作关系中投资资源的主动性，消极影响关系承诺（Zhao 等，2008），Terpend 和 Ashenbaum（2012）认为强制权力不利于企业产品质量和创新绩效的提升。在与制造企业合作进行产品创新过程中，制造企业使用强制权力影响供应商时，供应商会变得算计和机会主义以避免遭受制造企业的惩罚，不利于双方协作关系的发展和有效沟通。同时，企业使用强制权力会导致供应商因担心制造企业机会主义行为而可能不愿与其进一步深入合作，为制造企业提供最新市场需求信息和针对外部环境变化、企业需求提供新产品和新技术的意愿降低，不利于企业产品和工艺的创造和持续改进。企业使用强制权力要求供应商按照企业需求提供所需知识和技术，而合作双方所转移的知识和技术通常是隐性且难以编码的，供应商对成功共享知识的认知存在不确定性，高供应商创新性能否有效被制造企业利用需要双方共同努力，而使用强制权力影响供应商的共享新知识的信心，降低供应商对双方互利合作持久性的认识。企业对供应商施加的压力会使供应商不愿展示自身先进的知识和技术，不愿与企业就产品和工艺进一步深入交流，企业无法及时获得知识和技术，对供应商创新性的利用具有不利影响。企业较少使用强制权力表明企业为在合作中获得长期收益而不利用自身强制权力迫使供应商服从企业要求，合作创新过程中供应商察觉到企业较少使用强制权力有助于其增强对合作关系的承诺

（He 等，2013），供应商对企业较少使用强制权力的行为产生积极的响应，努力提高双方收益实现互利共赢努力，开放沟通渠道，依据企业需求展开创新，积极与企业进行知识共享。供应商创新性对供应商参与创新行为的积极作用对于企业高强制权力状况下的效果要低于对低强制权力的状况下的效果。结合上述分析，提出以下假设：

H4c：强制权力负向调节供应商创新性与供应商创新共享之间的关系，企业较少使用强制权力，供应商创新性与供应商创新共享之间的正向关系越强，反之越弱

结合假设 H2 和假设 H4c，强制权力是有调节的中介效应。高强制权力的制造企业会动用强制措施迫使供应商满足其创新需求，当高供应商创新性的供应商感知到企业施加的压力时，供应商会因保护自身知识而倾向于隐藏自身先进技术和能力，降低供应商在合作关系中投资资源的主动性，影响供应商合作创新行为，致使企业无法及时获取供应商有用的先进技术而错失良机，不利于供应商创新性的利用，该情况下，供应商创新性通过供应商创新共享影响企业创新绩效的可能性会降低。反之，企业低强制权力体现其为双方创造了平等的合作环境，表现出对供应商的信任和友好，鼓励双方沟通并促进双方建立紧密合作关系，进一步促进供应商对其的信任程度和合作意愿，减少因怕自身创新知识被剥夺导致的供应商对创新资源的保护行为，增强供应商创新性对供应商创新共享的影响作用。再次，供应商创新共享表明供应商付出努力将自身创新技术和知识用于制造企业产品和工艺创新中，将其知识与企业需求快速结合创造新的且适用于企业的创新知识和技术，企业获取供应商的知识有助于企业创新绩效提升（Rosell 和 Lakemond，2012；Wagner，2012），在此情况下，供应商创新性对企业创新绩效的影响能够较多地通过供应商创新共享影响。基于以上分析，供应商创新性对供应商创新共享的影响受到制造企业强制权力的调节，进而影响企业创新绩效，属于第一阶段被调节的中介效应。为此提出如下假设：

H4d：强制权力负向调节供应商创新共享对供应商创新性与创新绩效的中介效应，企业较少使用强制权力，该正向的中介效应就越强，反之越弱

4.2.5 关系制度的调节作用

制度理论为组织行为和战略提供了非经济解释，通过设定企业生产经营

活动和企业间交互的"游戏规则"管理经济行为，企业应当遵循已有的规则、规范和信念，获得合法性并调动其社会、经济和政治资源以适应特定的制度环境并增强企业创新绩效（Yang 和 Su，2014）。西方社会制度系统完善，法律体系健全，企业之间业务开展通过书面合同进行管理，相比之下，中国法律体系较弱，有史以来制度系统更多依赖于社会关系的开发，企业间业务活动依赖于社会关系多于书面合同的形式（Berger 等，2013；Yen 等，2011）。关系源自于中国集体主义文化，人际间和谐是关系所追求的重要目标。关系是中国社会商业活动的根本，是基于共同利益建立的社会联系，可看作是跨行业和地区影响企业创新绩效的重要因素（Shi 等，2011）。关系作为重要的文化—认知制度之一，对相互联系个体和组织行为具有重要的引导作用（Jia 等，2014）。关系制度能够通过规定管理者如何在商业交互中互惠进而对正式制度，例如法律规范进行补充。相对于个体主义文化中的正式关系和市场推动力，在集体主义文化中，社会联系是重要的社会和商业资源，社会联系（Social Ties）通过非正式人际间的社会机制协调企业间业务互动，有助于克服弱制度基础的局限性（Sheng 等，2011），关系制度是中国社会特定形式的治理机制（Berger 和 Herstein，2012；Jia 等，2014）。

关系依赖于个人联系，个人间的联系是可变的、自觉的和无意识的，组织之间的联系依赖于组织文化、结构、正规程序和制度安排。关系相关研究逐渐从个人层面转移到组织层面以促进组织间交互，组织间关系主要包括朋友、熟人关系或认识共同的朋友（Cai 和 Yang，2014）。个人的工作被视为自我延伸的代表，与其互动的人在人情往来中应以同样的态度尊重并对待其工作，该过程将个人关系和企业关系紧密联系起来。这个过程模糊了个人和组织两者的边界，管理者通常利用个人网络创造企业责任模式使得企业更广泛地接触到所需要的资源（Gu 等，2008）。关系被看作是组织层面的资产是因为个人关系能够用于组织并为组织作出贡献（Park 和 Luo，2001）。组织间存在的社会关系形成了中国情境的关系网络，该关系的广泛存在形成制度环境（Cai 和 Yang，2014），促进网络或联盟中的战略发展，有助于企业成长。组织间的关系网络化类似于社会网络中的自我中心网络（Ego - Centered Network），依据社会资本理论，关系网络为网络中的成员提供获取嵌入于该网络中资源的机会，关系具备资源共享、组织间学习、知识转移以及其他协作活动等多项职能（Yang 和 Wang，2011）。关系对组织之间知识转移具有重要作用。在组织层面，个人关系能够转化为组织关系，进一步促进稀缺资源的获取并增强企业创新绩效（Zhao 和 Timothy，2015）。组织之间建立关系能够促进组织间开放对话，提高信任度并为实现组织目标促进互惠交换（Gu 等，2008）。组织之间通过关系提供广泛的隐性和显性知识促进经济交易提高企业竞争优势（Berger 等，2013）。

在中国以儒家思想为主体的社会中，学术界和企业管理者将关系制度作为商业经营的治理机制，受到广泛关注（Cai 和 Yang，2014；Yang 和 Wang，2011）。Yang 和 Wang（2011）提出作为治理机制，关系制度是情、礼和利益三者的平衡，其中"情"指感情、人情，特别是人情，指在特定的社会规范和行为准则下情感和经济方面恩惠（Favor）的交换，对理解关系制度具有重要作用；"礼"指合作双方的互惠；"利益"是商业关系追求的重要目标，管理者需遵守"情"和"礼"的标准下追求利益。该三方面强调中国情境下组织间关系交互的重要要素。在此基础上，理解这些要素的核心是社会互动中所包含的互动规则。保障组织间交互需要关系制度建立重要规则治理组织商业决策和活动，这些隐含的规则包括协助义务（Obligation of Assistance）、互惠（Reciprocity）、同情/感同身受（Empathy）和讲信用（Credit）（Awazu 等，2009；Cai 和 Yang，2014；Jia 等，2014），协助义务指一方可以在必要时向合作伙伴求助其所需的信息，互惠保证合作伙伴所提供的信息在未来能够得到回报，这两个原则能够很大程度上减少潜在机会主义行为。这两个原则能够很大程度上减少机会主义行为，例如合作一方拒绝提供所需信息或者还对方人情。同情指提供帮助和恩惠的一方能够站在接受方的角度上考虑问题。讲信用指合作双方要遵守承诺，提高自身信誉。该四个方面是中国情境下关系制度的内涵，亦是组织间交互需遵守的规范。

中国企业将与合作伙伴的关系看作重要资源，趋向于利用关系克服面临的市场和行为不确定性（Jia 等，2014）。关系能够及时提供丰富的知识并降低潜在的偏见。关系制度要求合作双方遵循互惠原则，且弱势一方可以要求特别的恩惠而不用给予平等的回报，此外在合作过程中接受恩惠的一方并不要求立即回报，可以在提供恩惠者需要时为其提供帮助。合作双方具有相互协助的义务，并能够感同身受地为对方提供帮助。关系制度通过规定接受恩惠的一方有在未来给予回报的义务，以及在未能给予回报时会受到制裁以促进人情交互，这些均受到认知和文化制度的支撑，能够被社会成员支持和实施。制造企业与供应商合作创新过程中，供应商拥有制造企业产品和工艺创新所需知识，供应商愿意为其提供关键技术和知识的重要原因在于期望企业能在将来通过新产品和新工艺为其带来更大的收益，制造企业期望供应商在合作中能够全心全意付出努力，解释、阐述或采用更易理解的方式为企业提供先进的知识和技术，特别是企业不了解的领域的知识。在强关系制度环境下，强关系制度能够促进供应商主动为企业提供所需知识并不要求其立即回报，并且站在制造企业角度努力帮助其创新，能够以更易理解的方式为其提供先进的知识和技术（Cai 和 Yang，2014）。供应商创新性利用过程中，合作双方能够建立关系并相互信任，双方相信为对方付出能够得到相应的回报，努力协助对方成为合作创新的重要基础，有助于供应商的创新共享行为。在弱关系制度环境下，双方会大多按照合约履行职责，双方管理者尚未存在较深的感情，相互信任程度较低，供应商在合作过程中并不会付出较多努力帮助企业了解、分析和吸收自身先进知识，降低了企业获取知识的有效性，供应商创新性对供应商参与创新行为的积极作用对于强关系制度环境下的效果高于弱关系制度环境下的效果。结合上述分析，提出以下假设：

H5a：关系制度正向调节供应商创新性与供应商创新共享之间的关系，制造企业与供应商越遵循关系制度，供应商创新性与供应商创新共享之间的正向关系越强，反之越弱

结合假设 H2 和假设 H5a，研究认为关系制度对该中介作用具有调节效应，是有调节的中介效应。在该有调节的中介效应模型中，关系制度为组织决策和相互影响提供框架，能够管理、约束和引导管理者的行为，关系制度有助于通过对供应商创新性利用过程中合作双方行为的影响，分析供应商创新性利用效果。首先，强关系制度下，供应商和制造企业间感情比较深，双方信任程度高，供应商认为为制造企业提供新技术新知识等帮助，制造企业会记住人情并为其带来高收益，且会在未来需要时提供帮助，当供应商具有行业先进资源和技术时，供应商会因与企业良好的合作关系，与企业积极交流以更有效进行创新共享，供应商创新性对供应商创新行为的影响会增强。同时，随着关系制度水平的提高，制造企业与供应商之间关系紧密度增加，

双方嵌入性关系逐渐深入，对对方依赖程度增强且在沟通和协作方面更加容易，供应商拥有的知识和技术也就更容易在于企业合作中进行传递，促进企业创新绩效提高。因此在该情形下，供应商创新性通过供应商创新共享影响企业创新绩效的可能性越高。反之，在弱关系制度下，双方主要通过简单交易关系和签订契约开展合作，供应商会认为完成契约是其合作目的，当其具有先进知识和技术时，亦较少付出更多努力帮助制造企业快速理解和整合所获取的知识。当新知识和新技术所在领域对企业而言比较陌生时，企业会因需要更多时间理解和分析新知识而降低供应商创新性的利用效率，在此情况下，缺少供应商的帮助，供应商创新性对创新绩效的作用也较少通过供应商创新共享影响。其次，在强关系制度下，供应商愿意付出更多努力为企业创新做出贡献，积极的共享行为能够促进企业创新绩效的提升。基于以上分析，供应商创新性对供应商创新共享的影响受到关系制度的调节，进而影响企业创新绩效，属于第一阶段被调节的中介效应。

H5b：关系制度正向调节供应商创新共享对供应商创新性与创新绩效的中介效应，制造企业与供应商越遵循关系制度，该正向的中介效应就越强，反之越弱

4.2.6 吸收能力的调节作用

供应商创新性作为供应商的重要特性，对供应商创新共享和企业创新绩效具有重要影响，而该作用关系受制造企业自身对外部先进知识和资源的处理能力的影响，即供应商创新性的有效利用受企业吸收能力的影响。动态能力观认为组织为维持竞争优势，需要更新有价值的资源储备，动态能力即指组织整合、建立和重构内外部资源重组自身资源基础以适应外部快速变化的环境的能力（Ambrosini 和 Bowman，2009）。吸收能力作为企业重要的动态能力之一，指企业识别外部有价值的新知识并加以吸收应用于商业目的（Zahra 和 George，2002），Leal-Rodríguez 等（2014）认为吸收能力是一系列组织惯例和过程，企业通过这些惯例和过程获取、吸收、转化和应用知识以产生组织动态能力，促进组织创新。Zahra 和 George（2002）提出吸收能力的四个不同但互补的能力：获取、消化、转化和应用。其中获取和消化被称为潜在吸收能力，强调企业需要评估和理解外部知识，但并不能保证该知识的运用，

现有研究表明企业对外部知识的获取和吸收有助于企业更好评价供应商的知识并增强企业知识基础,潜在吸收能力体现企业对供应商知识的认识和理解能力,能够促进有价值的知识的识别和汲取,促进企业与供应商的沟通效果,影响供应商新产品和工艺的有效共享;而转化和应用被称为实际吸收能力,强调企业将获取和吸收的知识进行转换和利用以创造收益,是企业创新绩效提升的主要来源(Knoppen 等,2011)。在获取知识到创造性地应用这些知识是大多企业面临的挑战,尤其是高技术行业(Tzokas 等,2015),供应商创新共享作为供应商积极提供产品和工艺的创新行为,供应商该付出能否被有效用于企业竞争优势提升,会受到实际吸收能力的影响。因此,对不同实际吸收能力的企业来说,供应商创新共享的效果也将存在差别。该吸收能力的划分对评价吸收能如何影响企业竞争优势具有重要作用。

1. 潜在吸收能力的调节作用

潜在吸收能力的获取能力指企业识别和获得对其运营具有关键作用的外部知识,识别和评估外部知识是该获取过程的关键,要求企业已有的知识能够保证其识别新信息。消化能力是企业分析、处理、解释和理解外部信息的惯例和过程,鉴于外部新观点和新发现超出了企业所掌握知识范畴或存在于特定情境下,使得制造企业不易理解和复制,需要企业具备理解外部知识并将其与现有知识相联系的吸收能力。潜在吸收能力体现企业对外部创新知识的开放性,能够增强供应商创新性与供应商创新共享之间的关系。具体而言,企业高潜在吸收能力意味着企业能够清楚识别供应商先进的知识并能对其翻译和理解,促进企业与供应商间紧密的合作关系,增加企业获得知识的深度和广度(Kocoglu 等,2015),企业知识基础和理解能力帮助其及时识别供应商的先进知识和技术,促进其与供应商有效沟通和交流,以使双方明晰符合需求的知识和知识交流方式。供应商参与制造企业新产品开发中,供应商创新共享是依据制造企业需求的有针对性的共享行为,供应商通过创新共享为企业提供先进的产品和工艺,并将其先进知识与企业知识进行结合,有效共享不仅要求供应商具有先进的知识和技术,还要求企业在充分认识供应商创新价值的基础上保证准确得到所需要的知识(Fuertes - Callén 和 Cuéllar - Fernández,2014)。因此企业有能力通过识别、翻译、解释和理解等方式取得供应商的先进知识和技术，从而为顺利实现供应商创新共享提供保证。相反，企业低潜在吸收能力往往由于认识能力不足忽视对其有价值的知识，或因对知识的理解能力不足而无法清晰表达自身需求，不利于供应商创造有利于企业创新的新知识和更新已有知识，不利于供应商将其知识共享于企业产品和工艺创新中，供应商创新性对供应商创新共享的作用也将受到影响。基于以上分析，提出如下假设：

H6a：潜在吸收能力正向调节供应商创新性与供应商创新共享之间的关系，潜在吸收能力水平越高，供应商创新性与供应商创新共享之间的正向关系越强，反之越弱

结合假设H2和H6a，研究认为制造企业潜在吸收能力对该中介作用具有调节效应，是有调节的中介效应。潜在吸收能力能够促进供应商创新性的有效利用是通过促进供应商创新性对供应商创新共享的影响发挥作用，即潜在吸收能力在供应商创新性对创新绩效中的调节作用，是通过供应商创新共享起作用。供应商创新共享从供应商在合作中所作出共享行为的角度，解释潜在吸收能力如何促进供应商创新性能够被更有效转化为制造企业的竞争优势。企业高潜在吸收能力意味着其具备丰富的知识基础，能够快速识别并挖掘供应商有用的知识。当供应商创新性高时，企业会更充分表达其需求并与供应商紧密沟通，供应商会因明确制造企业需求，通过高效的创新共享提高供应商创新性的利用效果。同时，企业潜在吸收能力水平的提高使得高质量的供应商创新共享将双方各自差异化知识有效结合，是供应商知识应用于企业创新的基础，促进企业竞争优势提升。在这种情况下，供应商创新性通过供应商创新共享影响企业创新绩效的可能性会提高。反之，高供应商创新性在面对低潜在吸收能力的企业时，企业会因知识基础和分析理解能力不足而使供应商面对创新项目无所适从，影响创新共享的有效实施，阻碍双方互补性知识的结合，从而对企业产品和工艺创新造成消极的结果。基于以上分析，供应商创新性对供应商创新共享的影响受到制造企业潜在吸收能力的调节，进而影响企业创新绩效，属于第一阶段被调节的中介效应。

H6b：潜在吸收能力正向调节供应商创新共享对供应商创新性与创新绩效的中介效应，潜在吸收能力水平越高，该正向的中介效应就越强，反之越弱

2. 实际吸收能力的调节作用

实际吸收能力包括转化能力和应用能力（Zahra 和 George，2002）。转化能力是将新的外部知识内部化于企业的工艺和产品中，表示企业建立和改善相应惯例，通过增加、剔除或者将同样的知识以不同的方式对供应商提供的知识进行解释，以促进现有知识和新获取、吸收知识的结合。应用能力指企业基于惯例通过将获得和转化的知识合并于自身运营中，使企业提炼、拓展和利用现有能力或创造新能力。潜在吸收能力和实际吸收能力即独立又存在互补关系，潜在吸收能力并不一定能够促进企业创新绩效提升，而实际吸收能力在潜在吸收能力基础上，将所得到的知识用于企业运营中，企业将新获取知识融入于自身知识基础中，提出有助于其创新的新知识及能力并运用于实际产品和工艺的研发中，有助于企业创新绩效提升。高实际实收能力的企业具有结构化、系统和程序化机制，使企业能够将所获取和理解的供应商创新知识和能力与自身知识进行结合，并进行精炼、拓展用于自身产品和工艺创新中，促使企业能够长期维持对知识的有效利用（Zahra 和 George，2002），实际吸收能力可理解为将知识转变为新产品、新服务或新工艺的能力（Leal-Rodríguez 等，2014）。供应商做出创新共享行为的同时，企业将供应商知识内部化是利用供应商创新性的关键，供应商新知识和技术的共享是企业创新的重要前提，而实际吸收能力是有效运用所共享工艺和知识的保证，企业高实际吸收能力能够增强供应商创新共享对创新绩效的影响。相反，企业低的实际吸收能力往往不能高效将所获取供应商的新知识和技术于自身知识和技术相结合，不足以保证企业对所获取新知识的有效转化，在拓展和应用知识方面能力不足，不能将其用于新产品和新工艺的实际开发中。在这种情况下，供应商创新共享也就难以对企业创新绩效产生影响，基于以上分析，研究提出如下假设：

H6c：实际吸收能力正向调节供应商创新共享与创新绩效之间的关系，实际吸收能力水平越高，供应商创新性与供应商创新共享之间的正向关系越强，反之越弱

假设 H2 和假设 H6c 构成了有调节的中介效应（Moderated Mediation）（温忠麟和叶宝娟，2014），有调节的中介效应模型中，中介变量的中介效应

受调节变量影响，表现中介变量何时较强，何时较弱。即供应商创新共享传递了供应商创新性对企业创新绩效的影响，而该中介作用的大小取决于企业实际吸收能力的水平。具体而言，当制造企业具备强实际吸收能力时，供应商创新共享与创新绩效之间的影响作用越强，供应商创新共享作为中介变量，通过其传递的供应商创新性对企业创新绩效的影响越大；相反，当企业实际吸收能力低时，供应商创新共享不一定能够被企业有效转化和应用，企业未必能依据供应商的知识提出有助于企业产品和工艺创新的新知识，供应商创新共享较难提高供应商的创新绩效，供应商创新性通过供应商创新共享提升企业创新绩效的正向影响作用也将被削弱。基于以上分析，供应商创新共享对企业创新绩效的影响受到企业实际吸收能力的调节，供应商创新共享的中介作用通过企业实际吸收能力的调节作用发生的，是第二阶段被调节的中介效应。为此提出如下假设：

H6d：实际吸收能力对供应商创新性通过供应商创新共享影响创新绩效的间接效应具有调节效应，当实际吸收能力较高时，供应商创新共享在供应商创新性与创新绩效间的中介效应越高

4.3 本章小结

第4章主要探讨供应商创新共享在供应商创新性影响创新绩效中的中介作用，并在关系观理论框架基础上探讨关系专用性适应、权力、关系制度、潜在吸收能力和实际吸收能力如何促进供应商创新性被制造企业有效利用，构建供应商创新性利用机制概念模型并提出研究假设。研究所提出的概念模型属于有调节的中介模型，首先检验供应商创新共享的中介作用，为后续有调节的中介作用检验提供基础。其次检验各调节变量有调节的中介作用，供应商创新性利用过程中，制造企业需通过提高关系专用性适应，使用自身奖励和强制权力并利用关系制度以及潜在吸收能力的作用提高供应商创新性对供应商创新共享的影响，进而促进创新绩效的提升，所建立模型属于第一阶段有调节的中介模型。供应商创新共享传递了供应商创新性对创新绩效的影响，该中介作用的大小取决于企业实际吸收能力的水平，属于第二阶段有调

节的中介模型。研究在文献梳理和理论分析基础上提出供应商创新性对供应商创新共享影响、供应商创新共享中介作用和各调节变量有调节的中介作用 16 个研究假设，研究假设汇总如表 4-1 所示。

表 4-1　　　　　　　　　　研究假设汇总

编号	研究假设
H1	供应商创新性对供应商创新共享具有正向影响
H2	供应商创新共享在供应商创新性和创新绩效之间起中介作用
H3a	制造企业对供应商的关系专用性适应正向调节供应商创新性与供应商创新共享之间的关系，供应商对制造企业的关系专用性适应水平越高，供应商创新性与供应商创新共享之间的正向关系越强，反之越弱
H3b	制造企业对供应商的关系专用性适应正向调节供应商创新共享在供应商创新性和创新绩效间的中介效应，制造企业对供应商的关系专用性适应越高，该正向的中介效应就越强，反之越弱
H3c	供应商对制造企业的关系专用性适应正向调节供应商创新性与供应商创新共享之间的关系，供应商对制造企业的关系专用性适应水平越高，供应商创新性与供应商创新共享之间的正向关系越强，反之越弱
H3d	供应商对制造企业的关系专用性适应正向调节供应商创新共享在供应商创新性和创新绩效的中介效应，供应商对制造企业的关系专用性适应越高，该正向的中介效应就越强，反之越弱
H4a	奖励权力正向调节供应商创新性与供应商创新共享之间的关系，企业较多使用奖励权力，供应商创新性与供应商创新共享之间的正向关系越强，反之越弱
H4b	奖励权力正向调节供应商创新共享对供应商创新性与创新绩效的中介效应，企业较多使用奖励权力，该正向的中介效应就越强，反之越弱
H4c	强制权力负向调节供应商创新性与供应商创新共享之间的关系，企业较多使用强制权力，供应商创新性与供应商创新共享之间的正向关系越弱，反之越强
H4d	强制权力负向调节供应商创新共享对供应商创新性与创新绩效的中介效应，企业较多使用强制权力，该正向的中介效应就越弱，反之越强
H5a	关系制度正向调节供应商创新性与供应商创新共享之间的关系，关系制度水平越高，供应商创新性与供应商创新共享之间的正向关系越强，反之越弱
H5b	关系制度正向调节供应商创新共享对供应商创新性与创新绩效的中介效应，关系制度越高，该正向的中介效应就越强，反之越弱

续表

编号	研究假设
H6a	潜在吸收能力正向调节供应商创新性与供应商创新共享之间的关系，潜在吸收能力水平越高，供应商创新性与供应商创新共享之间的正向关系越强，反之越弱
H6b	潜在吸收能力正向调节供应商创新共享对供应商创新性与创新绩效的中介效应，潜在吸收能力水平越高，该正向的中介效应就越强，反之越弱
H6c	实际吸收能力正向调节供应商创新共享与创新绩效之间的关系，实际吸收能力水平越高，供应商创新共享与创新绩效之间的正向关系越强，反之越弱
H6d	实际吸收能力对供应商创新性通过供应商创新共享影响创新绩效的中介效应具有调节效应，当实际吸收能力较高时，供应商创新共享在供应商创新性与创新绩效间的中介效应越高，反之越弱

第 5 章　供应商创新性利用机制研究设计

5.1　研究变量的测量

　　研究所涉及变量均为构念，需要对其明确定义并转换为可操作化的过程。主要内容是将难以直观测的变量转换成操作变量，对研究变量进行测度是有效实施实证研究的前提和关键。研究基于现有理论成果，针对研究理论需要与实地访谈，吸取专家及企业受试者提出的重要信息和意见，对研究涉及变量进行操作化定义，有些变量需要转化为相应维度进行测量，有些变量可以直接利用题项进行测量。该过程需将抽象概念转化为几个重要的维度，进而利用可测量的题项测量各个维度，形成变量的测量指标，或用测量指标直接测度相关变量。为了测度各变量需要设置测量尺度，研究采用李克特（Likert）5级量表，数字 1–5 表示受试者对量表题项认可程度，其中"1"表示"非常不认可"、"2"表示"不认可"、"3"表示"态度中立"、"4"表示"认可"、"5"表示"非常认可"。

　　研究共涉及 10 个变量，分别是供应商创新性、供应商创新共享、创新绩效、制造企业对供应商关系专用性适应、供应商对制造企业关系专用性适应、奖励权力、强制权力、关系制度、潜在吸收能力和实际吸收能力。研究通过上述量表编制方法，借鉴已有成熟量表同时结合访谈资料编辑并修改量表，或对不成熟量表结合研究理论进行变量界定并编制可靠性高的量表。以下对各量表具体题项及来源分别进行阐述。

1. 供应商创新性

　　供应商创新性是研究的理论重点，对供应商创新性的理解和操作化定义对于企业理论建构具有重要意义。供应商创新性强调供应商所具备的重要创新特质及支持制造企业创新并为制造企业提供创新资源和能力的意愿。研究通过4个维度40个题项测量供应商创新性，这些测量题项的选取建立在 Schiele 等（2011）、Azadegan 和 Dooley（2010）、Wang 和 Ahmed（2004）和 Ruvio 等（2013）等人相关研究成果基础上，结合研究的具体内容和理论，利用扎根理论方法开发供应商创新性测量量表，通过探索性因子分析和验证性因子分析得到信度和效度良好的测量量表，获取供应商创新性的技术能力、创新欲求、资源共享意愿和关系协同能力4个维度。供应商创新性构念的测量量表见表5-1。

表5-1　　　　　　　　　供应商创新性操作化定义

维度	子维度	题项	文献基础
技术能力	产品服务创新能力	近五年相比于竞争对手，该供应商总能快速推出新产品	探索性研究分析所得
		近五年相比于竞争对手，该供应商具有更高的产品发布成功率	
		近五年相比于竞争对手，该供应商推出更多新产品	
		近五年相比于竞争对手，该供应商推出更多有创意的服务项目	
	工艺创新能力	在引进的新产品中，该供应商能提供处于技术前沿的新生产技术	
		该供应商能够不断改进制造工艺	
		与竞争对手相比，该供应商能够快速改变生产方法	
		该供应商能够及时更新生产设备	
		当传统方法不能解决实际问题时，该供应商经常能够提出新的技术方法	
创新欲求	开放性	该供应商乐于接受内外部新观点	
		该供应商能够积极响应外界环境变化	
		该供应商对外部环境变化非常敏感	
		该供应商为组织内部产生的新观点、新方法提供有力支持	
		该供应商能够不断从新的视角看待问题	
	探索精神	该供应商能够积极探索新的解决问题的思路	
		该供应商能够经常提出新的想法	
		供应商能够经常提出独创、新奇的解决方案	
		新产品开发过程中，该供应商乐意与我企业共同承担风险	
		该供应商意识到风险仍鼓励实施创新战略	
		该供应商能够打破传统思维模式进行创新	

续表

维度	子维度	题项	文献基础
创新欲求	先动性	该供应商目标成为未来市场领导者	
		该供应商能够持续寻找新的商业机会	
		该供应商总是在该行业带头为发挥组织优势塑造环境	
		该供应商能够不断预测未来市场需求并付诸行动	
资源共享意愿	知识共享	研发过程中该供应商经常能主动与我企业探讨解决方案	
		该供应商愿意主动与我们交流设计方案	
		愿意与我企业共享技术信息	探索性研究分析所得
	技术资源共享	供应商愿意将自身拥有的先进技术应用到我企业的产品中	
		该供应商乐于提供与我企业互补的资源共同创新	
		该供应商乐意提供关系专用资产	
		该供应商迎合我们的需求采用新技术	
关系协同能力	S-M关系协同能力	该供应商能够持续保证合格技术人员为我们提供技术支持	
		该供应商愿意维持我们之间的长期合作关系	
		该供应商努力保证我们最大化地发挥他们产品的价值	
		该供应商投入很大精力了解我们的工作流程	
		该供应商积极配合我们的长期生产计划制定	
	S-S关系协同能力	该供应商能够与我公司其他供应商共享信息	
		该供应商能够帮助参与我公司创新的其他供应商	
		该供应商能够与我公司其他供应商定期讨论如何支持我公司创新	
		该供应商能够妥善处理与我公司其他供应商之间的矛盾	

2. 制造企业对供应商的关系专用性适应

制造企业对供应商的关系专用性适应是双方合作过程中制造企业为合作创新所作出的在人员、设备和工艺等方面的改变以适应供应商在合作过程中的需要，帮助企业产品和工艺创新顺利实施，体现企业的承诺和对供应商的依赖性。研究借鉴 Roden 和 Lawson（2014）、Nyaga 等（2013）的研究成果，利用 7 个题项测量制造企业对供应商的关系专用性适应，7 个题项如表 5-2 所示，在与供应商建立合作关系开展合作创新之后，从以下题项反映制造企业在关系建立之后所做出的适应程度：

表5-2　　制造企业对供应商的关系专用性适应操作化定义

变量	题项	文献基础
制造企业对供应商的关系专用性适应	我们重新培训我们的员工	Roden 和 Lawson（2014）、Nyaga 等（2013）
	我们改变了我们的存货和分销渠道	
	我们改变了我们的信息技术系统	
	我们改变了我们的库存和运输设备	
	我们改变了我们的生产设备	
	我们改变了我们的操作设备和工具	
	我们投资于质量改进项目	

3. 供应商对制造企业的关系专用性适应

供应商对制造企业的关系专用性适应是合作过程中供应商为满足制造企业需求和创新要求在人员、设备和工艺等方面做出的改变，是供应商对合作创新的"抵押"，不能用于其他合作关系中，体现供应商对合作创新的投入和支持。研究借鉴 Roden 和 Lawson（2014）、Nyaga 等（2013）的研究成果，利用7个题项测量供应商对制造企业的关系专用性适应，7个题项如表5-3所示，在与制造企业建立合作关系开展合作创新之后，从以下题项反映制造企业在关系建立之后所做出的适应程度：

表5-3　　供应商对制造企业的关系专用性适应操作化定义

变量	题项	文献基础
供应商对制造企业的关系专用性适应	供应商重新培训他们的员工	Roden 和 Lawson（2014）、Nyaga 等（2013）
	供应商改变了他们的存货和分销渠道	
	供应商改变了他们的信息技术系统	
	供应商改变了他们的库存和运输设备	
	供应商改变了他们的生产设备	
	供应商改变了他们的操作设备和工具	
	供应商投资于质量改进项目	

4. 奖励权力

研究提出的奖励权力指企业通过提供回报吸引供应商，企业通过奖励权力引导供应商的行为以使其满足制造企业要求，企业期望通过为供应商提供回报获取供应商新知识和新技术实现双方互利共赢。研究借鉴 Terpend 和 Ashenbaum（2012）、Nyaga 等（2013）、Nyaga 等（2013）的研究成果，利用 5 个题项测量制造企业的奖励权力，各题项如表 5-4 所示。

表 5-4　　　　　　　　　　奖励权力操作化定义

变量	题项	文献基础
奖励权力	当供应商最初不情愿合作时我们会提供激励措施	Terpend 和 Ashenbaum（2012）、Nyaga 等（2013）
	与我们合作的供应商将在很多方面获得利益	
	为使供应商满足我们的需求我们会提供奖励	
	如果供应商没有按照要求进行合作，我们将不予奖励	
	根据我们的要求开展创新，供应商能够避免其他供应商会遇到的问题	

5. 强制权力

研究提出的强制权力是企业对供应商未能达到其期望施加惩罚的能力，研究借鉴 Terpend 和 Ashenbaum（2012）、Nyaga 等（2013）、Pulles 等（2014）等的研究成果，利用 4 个题项对强制权力进行测度，各题项如表 5-5 所示。

表 5-5　　　　　　　　　　强制权力操作化定义

变量	题项	文献基础
强制权力	我们会暗示如果供应商没有按要求完成任务，我们将不会为其提供好待遇	Terpend 和 Ashenbaum（2012）、Nyaga 等（2013）、Pulles 等（2014）
	如果供应商同意我们的建议，我们会不配合他们的工作	
	如果供应商没有遵守我们的要求将会受到惩罚	
	如果供应商在合作中没有与我们协作，我们将撤回他们需要的服务	

6. 关系制度

关系制度是对个体如何做出互惠交换进行治理的规则和规范，在中国关系中互动双方的关系行为受道德和社会规范监督和控制。关系制度不仅要求合作的组织间能够相互协助，遵循互惠原则，并在合作中能够站在对方的角度考虑提供协助，并要求企业在商业合作中要讲信用，否则将会损坏企业名誉并受到道德的谴责。研究借鉴 Awazu 等（2009）、Yang 和 Wang（2011）、Cai 和 Yang（2014）对关系和关系制度内涵的描述，利用 11 个题项对关系制度进行测度，各题项如表 5-6 所示：

表 5-6　　　　　　　　关系制度操作化定义

变量	题项	文献基础
关系制度	我们和供应商在对方需要的时候都乐意主动提供帮助	Awazu 等（2009）、Cai 和 Yang（2014）、Yang 和 Wang（2011）
	我们和供应商认为有义务帮助对方	
	我们和供应商在未提供对方所需要的帮助时会感到尴尬	
	我们和供应商在接受对方帮助后会在未来予以回报	
	我们和供应商认为在需要时向对方请求回报是正常的合作方式	
	我们和供应商认为在对方需要时候不给予回报会损害双方合作	
	我们和供应商在提供对方帮助前会了解对方的需求	
	我们和供应商会主动了解对方的困难并给予帮助	
	我们和供应商在相互合作中能够坦诚相待	
	我们和供应商在合作中不会做出虚假的指控	
	我们和供应商都会遵守承诺	

7. 潜在吸收能力

吸收能力是多维度概念，潜在吸收能力是获取新知识的过程，包括知识的获取和消化，企业期望通过潜在吸收能力获得并以自己的方式理解供应商创新性，促进供应商创新共享有效发挥。潜在吸收能力包括获取和消化两个维度，研究借鉴 Zahra 和 George（2002）、Flatten 等（2011）的研究成果，并针对研究理论背景对测量题项加以修改，获取维度分利用 3 个题项进行测量，消化维度利用 4 个题项进行测量。受试者对"获取"维度中各题项描述企业利用外部资源获取信息的程度进行打分，对"消化"维度中各题项符合企业沟通结构的程度进行打分，量表题项如表 5-7 所示：

表 5-7　　　　　　　　　潜在吸收能力操作化定义

变量	维度	题项	文献基础
潜在吸收能力	获取	搜寻本行业相关信息是我们的日常工作	Zahra 和 George（2002）、Flatten 等（2011）
		我们激励员工利用本行业中信息源	
		我们期望员工能够处理我们行业之外的信息	
	消化	我们公司中员工经常跨部门沟通创意和观点	
		我们强调跨部门支持以解决问题	
		我们公司有很快的信息流，能够在部门间快速传递信息	
		我们会定期开展跨部门会议以相互交流新进展、存在的问题以及成就	

8. 实际吸收能力

实际吸收能力可以被看作是利用和应用这些有价值知识的过程，包括知识的转化和应用，企业期望通过实际吸收能力将所获取和理解的外部知识有效用于自身创新中。实际吸收能力包括转化和应用两个维度，研究借鉴 Zahra 和 George（2002）、Flatten 等（2011）的研究成果，并针对研究理论背景对测量题项加以修改，转化维度分利用 4 个题项进行测量，受试者对转化维度中各题项符合企业知识处理情况的程度进行打分。应用维度利用 3 个题项进行测量，受试者对应用维度中各题项符合企业新知识商业利用的情况进行打分，制造企业实际吸收能力量表题项如表 5-8 所示：

表 5-8　　　　　　　　　实际吸收能力操作化定义

变量	维度	题项	文献基础
实际吸收能力	转化	我们公司员工能够将所收集来的知识结构化并加以利用	Zahra 和 George（2002）、Flatten 等（2011）
		我们公司员工习惯于吸收新知识并为未来运用做准备	
		我们公司员工能够成功地将现有知识与新观点相结合	
		我们公司员工能够将新知识用于实际工作中	
	应用	我们公司支持原型的开发	
		我们公司经常重新思考我们的技术并根据新知识对技术进行改编	
		我们公司能够通过采取新技术使工作更有效	

9. 供应商创新共享

供应商创新共享体现供应商为企业提供产品和工艺创新的活动，强调供应商能够将其创新共享于企业的行为，表现供应商不仅具备创新特质，还能够通过实际行动将新知识和工艺共享给制造企业。供应商创新共享包括产品创新共享和工艺创新共享两个维度，借鉴 Wagner 和 Bode（2014）的研究成果，采用 8 个题项对供应商创新共享进行测量，如表 5-9 所示：

表 5-9　　　　　　　　　　供应商创新共享操作化定义

变量	题项	文献基础
供应商创新共享	该供应商在早期就参与进我企业的产品创新过程中	Wagner 和 Bode（2014）
	该供应商为我企业新产品带来了新颖的想法	
	该供应商为我企业提供新零部件	
	该供应商为我们新产品提供适用的先进技术	
	该供应商为我企业提供工艺流程改进建议	
	该供应商根据我们的新产品需求创新其制造工艺	
	该供应商为我们提供新颖的工艺技术	
	该供应商将新制造方法用于我们新产品中	

10. 创新绩效

制造企业提升创新绩效获得竞争优势是其在激烈竞争的市场上生存的关键，创新绩效包括产品创新绩效和工艺创新绩效两个方面。借鉴 Azadegan 和 Dooley（2010）、Gao 等（2015）、Lawson 等（2015）、Murat Ar 和 Baki（2011）的研究成果，创新绩效维度采用 11 个题项进行测量，如表 5-10 所示：

11. 技术波动

为使研究结果更加准确，需要对影响创新绩效的其他变量加以控制，研究控制企业规模、合作关系持续时间、技术波动三个可能对创新绩效具有影响的重要变量。企业规模对企业战略举措和绩效具有重要作用，规模更大的企业能够从丰富的资源中获得更大的协同效应，帮助企业在市场运作中吸引

表 5-10　　　　　　　　　创新绩效操作化定义

变量	题项	文献
创新绩效	相比竞争对手，我们提升新产品引进时间显著提高	Azadegan 和 Dooley（2010）、Gao 等（2015）、Lawson 等（2015）、Murat Ar 和 Baki（2011）
	相比竞争对手，我们能够提供更多在行业内非常新颖的新产品	
	我们的新产品为我们行业产品提供了新的设计思路	
	相比竞争对手，我们的产品为顾客提供具有高差异化的新特性	
	我们的产品比竞争者的产品更能迎合顾客需求	
	我们的产品拥有目前最先进的技术	
	相比竞争对手，我们的产品占据了更高的市场份额	
	我们能够不断进行工艺创新	
	相比竞争对手，我们能够以最快速度更新我们的生产方法	
	我们的工艺创新新颖程度能得到客户的认可	
	传统方法不能解决问题时，我们能够迅速采用新方法解决	

更多的创新，企业规模用企业员工的数的自然对数测量。合作关系持续时间是影响稳定的企业间关系的重要因素，合作关系越长双方合作关系越稳定且合作关系越紧密，合作创新过程中创新绩效也会更高。技术波动是指企业察觉到行业中技术不断更新的程度，技术波动是环境特征，能够影响产品生命周期，影响新知识的搜寻或淘汰旧技术，影响组织学习以及从供应商处获取创新的价值（Wagner，2012）。借鉴 Wang（2007）和 Jaworski 和 Kohli（1993）的研究成果，技术波动通过四个题项进行测量，如表 5-11 所示：

表 5-11　　　　　　　　　技术波动操作化定义

变量	题项	文献基础
技术波动	我们行业中的技术变化很快	Wang（2007）、Jaworski 和 Kohli（1993）
	技术变化为我们行业带来了巨大的机会	
	我们行业中许多新产品的开发是由技术的突破引起的	
	我们无法预测未来 2~3 年内有什么新技术应用于本行业	

5.2 问卷设计与数据收集

5.2.1 问卷设计

研究采用大样本问卷调查的方法进行数据收集，问卷调查能够快速有效收集数据，并且对被调查者的干扰性小、成本低廉，容易得到被调查企业及其员工的支持，获得个人行为和态度数据，具有较高实用性和可行性。问卷设计中各题项避免双重含义、避免出现具有诱导性的问题、避免受试者为达到期望而做出回答等，提高问卷有效性。

问卷质量对受试者填答问卷时的态度和行为具有重要影响，为提高问卷题项的可靠性，研究问卷所涉及量表的测量题项主要来自以下途径：（1）沿用现有最新成熟量表。现有成熟量表经过大量研究实证工作，量表的信度和效度较高且被反复使用和论证，具有较高可信度。鉴于研究主要参考国外文献，为避免语言表述差异和理解差异，在运用西方现有量表时，由团队成员分成两组，采用回译的方法，提高翻译的准确度，减少翻译中出现的主观偏差。另外，由于文化差异，在借鉴国外成熟量表的同时，针对我国具体情境对量表进行修改，以更适用于我国情境和研究目的，保证量表质量。（2）通过构念研究设计量表。对于研究涉及的尚未明确定义的变量，对变量进行界定，结合研究具体理论，通过文献研究和扎根理论得到涉及变量的测量量表，充分检验量表的信度和效度，在此基础上设计调查问卷。（3）访谈获取。通过深入调研典型企业，与企业专家与管理者进行深入访谈，对初始量表进行跟新与修正，形成初始问卷。

在初始问卷基础上，向陕西、河南、四川和广东 97 家制造企业发放初始问卷通过小规模的问卷调查，对量表进行预测试。项目分析是预测试中最重要的工作，主要针对初始问卷题目进行适切性评估，预测试能够有助于剔除不良题项，提高量表质量。研究采用内部一致性效标法检验问卷测量项目的区分度，判断各测量项目能否鉴别受试者反应程度，删除被试鉴别度低的测量项目。进一步采用探索性因子分析，在因子提取过程中删除不符合要求的题项，利用 Cronbach's α 值对量表信度进行检验。最终形成正式量表用于形成大样本问卷调查的正式问卷。正式问卷见附录 2。

5.2.2 数据收集

研究基于预测试所形成的正式问卷，于 2014 年 8 月—2015 年 4 月针对我国典型制造企业进行大样本问卷调查收集数据。被调查行业涉及汽车制造、航空航天器制造、电子设备制造、电气机械及器材制造等技术密集型行业，该行业内产品技术性能复杂、更新速度快，科技含量高，行业内企业致力于不断提升其技术水平和科研能力，着力进行高科技产品和先进工艺的研发，该行业中制造企业与核心供应商合作紧密，供应商知识和技术对制造企业具有重要作用，能够较好满足制造企业利用供应商创新性的需要。基于以上行业，研究以制造企业为对象，问卷发放方式采用电子问卷和纸质问卷相结合的方法。为避免地域偏差对研究结果产生影响，问卷发放的制造企业广泛分布于我国西部、中部以及沿海地区省市，不仅有企业位于高技术制造企业密集的长三角和珠三角地区，还包括我国中、西部典型制造企业。据《大中小型工业企业划分标准》，从中国汽车电子电器企业名录、中国通用机械制造业厂商名录等相关资料中，选取陕西、重庆、河南、湖南、武汉、江苏、上海 7 个省市制造企业，共发放调查问卷 630 份。研究最终回收有效调查问卷 411 份。问卷有效回收率为 65.24%。研究选取受试者主要包括与供应商有紧密互动并对采购和产品、工艺设计具有丰富经验的人员，主要包括各企业高管、技术人员、采购部门人员、研发部门人员和供应商管理人员。问卷样本特征如表 5-12 所示。

表 5-12　　　　　　　　　样本特征

	项目	数量	比例（%）		项目	数量	比例（%）
所属行业	专用设备制造	105	25.547	企业规模	500 人以下	57	13.869
	电气机械制造	106	25.791		500~1000 人	163	39.659
	汽车制造	88	21.411		1000~2000 人	118	28.710
	电子设备制造	112	27.251		2000 人以上	73	17.762
企业类型	外资企业	49	11.922	受访者职务	高层管理者	63	15.328
	中外合资企业	87	21.168		中层管理者	95	23.114
	国有/国有控股企业	173	42.092		采购与供应人员	114	27.737
	民营企业	102	24.818		研发技术人员	139	33.820

5.3 取样程序

问卷发放和收集主要通过三个途径完成：（1）亲赴企业进行访谈和调研过程中发放并收集问卷。该方法能与受试者直接接触，能够为受试者解释研究目的并解释疑虑，降低受试者因误解导致的问卷填写失误，通过坦诚强调答卷的重要性激励受试者参与问卷填写。问卷发放前将问卷置于信封中并告知受试者匿名填写，承诺对填写内容保密，填写完成后将其所填问卷放回信封并密封，避免被其他人员看到。（2）通过 E-mail 发放电子问卷。对不能亲赴调研的企业，采用发放电子问卷的方法，通过 E-mail 发送电子文件，并附联系方式，以便受试者能够直接联系到团队成员，保证及时、有效沟通，同时承诺若对研究成果感兴趣可以与团队成员联系，提高受试者填答问卷的积极性。在调查问卷中承诺所涉及企业信息和相关数据仅用于学术研究，对所填写信息保密，不涉及任何商业用途。

5.4 数据分析方法与模型

数据分析方法的明确与准确使用是科学研究成功的关键，针对具体研究问题和所构建的理论选择合适的分析方法和数据处理方法对理论和假设的验证至关重要。数据分析方法选择错误或分析过程中出现失误均会影响研究结果的准确性。研究针对所构建理论及变量和概念模型，借鉴相关理论成果并采用 SPSS20.0 和 AMOS20.0 统计分析软件，对所收集数据进行分析。所涉及的分析方法与步骤如下：

1. 描述性统计

描述性统计方法用于对所收集数据进行整理、描述和解释，能够利用简单统计量对庞大数据集进行描述。该方法所得统计数直接由原始数据所得，是描述原始数据特性的最佳指标。研究中描述性统计通过数据的均值和标准差对数据进行分析。

2. 量表信度分析

量表信度分析是判断量表可靠性和稳定性的重要指标，表示利用同样测量方法对相同对象进行重复测量时所得结果的一致性程度。研究采用 Cronbach's α 系数对所涉及量表的信度进行测量，Cronbach's α 值大于 0.6 较为理想。另外量表的建构信度（Construct Reliability，CR）用于测量量表因子结构的一致性程度，体现测量项目分享潜变量的程度。潜变量的建构信度大于 0.6 较为理想。

3. 量表效度分析

量表效度用于分析量表能够准确测出所测量事物的程度，效度越高表明量表的测量结果越能体现所测量事物的特征。效度检验包括内容效度（Content Validity）检验和建构效度（Construct Validity）检验，内容效度是对量表能够测量的内容范围的适切性程度，是量表对所测量构念的反映程度。建构效度由聚合效度（Convergent Validity）和区分效度（Discriminant Validity）组成。检验建构效度首先需利用验证性因子分析（CFA，Confirmatory Factor Analysis）对量表效度进行验证，判断量表建构效度的真实性与适切性。研究运用极大似然法对各量表进行验证性因子分析，检验所收集数据与验证性因子模型的拟合优度，通过判断各变量的单阶段拟合指数来验证。

研究选取的用于验证性因子分析模型适配度的单阶段拟合指标包括：卡方值（χ^2），若测量结果卡方值不显著（$P>0.05$），表明 CFA 模型与所获取数据不一致的可能性较小。卡方值易受样本数量和估计参数的影响，模型的适配程度应结合其他适配度指标进行检验；卡方自由度比值（χ^2/df）用于描述假设模型协方差矩阵与收集数据的适配程度，比值越小表明两者适配程度越高，该比值介于 1~2 之间，小于 1 表明模型过度适配，若大于 2 或 3 表明模型无法真实反映所获取数据，拟合度不佳；良适性适配度指标（GFI）用于表示假设模型的协方差对所收集数据协方差的解释程度，GFI 值越大表明两者的适配程度越好，GFI 值介于 0~1 之间，大于 0.9 较为理想；调整后的良适性适配指标（AGFI）是通过调整 GFI 指标的自由度而得，该指标通过假设模型的自由度比模型中变量数目对 GFI 指标进行修正，AGFI 值介于 0~1 之间，大于 0.9 较为理想；规准适配度指数（NFI）用于对个体模型与语无模型之间卡方值的差距进行比较，是假设模型与假设测量项间不存在公变的独立模型差异的体现，该指标介于 0~1 之间，大于 0.9 较为理想；非规准适配指数（TLI）是对两个对立模型适配度的比较，是虚无模型与所提出模型之间适配程度的对比，该指标值介于 0~1 之间，大于 0.9 较为理想；比较适配指数（CFI）主要用于检验非集中参数在最限制模型到最饱和模型变化时的改善情形，该指标介于 0~1 之间，大于 0.9 较为理想；增值适配指数（IFI）是增值适配度统计量，该指标值介于 0~1 之间，大于 0.9 较为理想；渐进残差均方和平方根（RMSEA）是非常重要的适配度指标，RMSEA 值越小表示模型具有越高的适配度，通常 RMSEA>0.1 时，表明模型的适配度不佳；0.08<RMSEA<0.1 时，模型适配度一般；当 0.05<RMSEA<0.08 时，模型适配度良好，即适配度合理；RMSEA<0.05，表示具有非常好的适配度。

量表的聚合效度表示针对同一潜变量，其不同观测变量之间是否存在关联，研究通过潜变量中测量题项的标准化负荷和潜变量的平均方差抽取量（AVE，Average Variance Extracted）检验。AVE 能够直接显示被潜变量所解释的变异量有多少来自测量误差，平均方差抽取量越大，指标变量被潜在变量构念解释的变异量的百分比越大，相对的测量误差就越小，理想的平均方差抽取量大于 0.5。该指标是潜变量能够解释其指标变量变异量的比值，值越大表明测量项目越能有效反映共同因素构念的潜在特质。

量表的区分效度检验不同的潜变量之间差异是否显著，检验量表区分效度有两种方法，其一是将 AVE 值与变量间标准化相关系数的平方进行比较，若 AVE 值大于两变量之间标准化相关系数的平方，表明量表具有良好的区分效度。其二是检验潜变量间相关系数置信区间是否包括 1，相关系数置信区间通过相关系数加减标准误差所得，若任何两个因子间相关系数置信区间均不包括 1，则量表具有良好的区分效度。

4. 多元线性回归

在多个自变量影响因变量的研究中，需建立一套包含多个解释变量的多元回归模型，同时纳入多个自变量来解释与预测因变量，称为多元回归模型。

多元线性回归是推广了的一元线性回归，用于分析一个因变量与多个自变量间的相关关系。多元回归模型的检验与评价方法主要通过以下三个方面完成：

（1）拟合程度的测定：在多元回归中，对于因变量进行解释的变量不止一个，自变量与因变量之间关系成为多元相关（Multiple Correlation），用 R 表示。多元回归分析 R^2 反映了回归模型的解释力，表示因变量被自变量解释的百分比。若 R^2 具有统计显著性，则需进行回归系数的统计检验，来决定各自变量对因变量的解释力。R^2 为 0 时表示自变量与因变量间没有线性关系，R^2 越大说明因变量与自变量间的线性相关程度越高，模型拟合程度更高。

$$R^2 = \frac{\sum (\hat{y} - \bar{y})^2}{\sum (y - \bar{y})^2} = 1 - \frac{\sum (y - \hat{y})^2}{\sum (y - \bar{y})^2}, 其中, \sum (y - \bar{y})^2 = \sum y^2 - \frac{1}{n}(\sum y)^2 \tag{5.1}$$

其中，$\sum (y - \hat{y})^2 = \sum y^2 - (b_0 \sum y + b_1 \sum x_1 y + b_2 \sum x_2 y + \cdots + b_k \sum x_k y)$

（2）回归方程的显著性检验：采用 F 检验评价所有自变量与因变量的线性关系是否密切，依据计算所得的 F 统计量，配合 F 分布，根据给定的显著性水平 a，自由度 $(k, n-k-1)$ 查 F 分布表得到相应的临界值 Fa，若 $F > Fa$，则回归方程具有显著意义，回归效果显著；$F < Fa$，则回归方程无显著意义，回归效果不显著。用以检验回归模型是否具有统计的意义。此外，拟合程度检验与 F 检验均验证因变量与自变量间线性回归关系的显著性是否存在，是对回归分析的整体检验，而对各自变量与因变量间关系是否显著仍不能判断，因此在判断回归方程的显著性基础上，还需判断各回归系数是否显著，以及时发觉不显著的自变量。F 检验公式为：

$$F = \frac{\sum (\hat{y} - \bar{y})^2 / k}{\sum (y - \hat{y})^2 / (n - k - 1)} = \frac{R^2 / k}{(1 - R^2)/(n - k - 1)} \tag{5.2}$$

（3）回归系数的显著性检验：一元线性回归中回归系数的显著性检验与回归方程的显著性检验等价，而在多元线性回归中则不等价。t 检验主要是对模型中各回归系数进行检验，以在分析中剔除对因变量无显著影响的因变量。t 检验时先计算 t_j，然后基于显著性水平 a 和自由度 $n-k-1$ 查询 t 分布表，判断各多元线性回归系数的显著性。t 检验公式为：

$$t_i = \frac{b_i}{s_y \sqrt{C_{ij}}} = \frac{b_i}{S_{bi}} \quad (5.3)$$

其中 C_{ij} 是多元线性回归方程中回归系数矩阵的逆矩阵 $(X'X)^{-1}$ 主对角线上的第 j 个元素。

研究利用 SPSS20.0 统计分析软件，利用多元线性回归检验研究中主效应、中介效应和有调节的中介效应相关假设。

5. 中介效应检验

变量之间相互影响的关系中，当一个变量能够解释自变量（X）和因变量（Y）之间关系时，则该变量起到中介效应。中介变量（W）有助于整合原本相似的现象，研究中介作用的目的在于已知某些变量间关系的基础上，探索产生该关系的内部作用机制，帮助研究者将事物之间的因果链更清晰和完善。中介效应分为完全中介和部分中介，完全中介即自变量对因变量的影响完全通过中介变量起作用，此时 $c = 0$；而部分中介即自变量对因变量具有直接作用，并且部分通过中介变量起作用，此时 $c > 0$。中介效应示意图如图 5-1 所示：

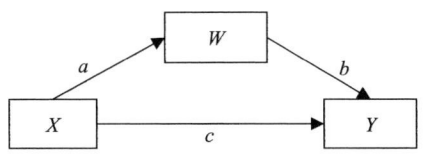

图 5-1　中介变量模型示意图

Fan（2002）提出中介效应检验需完成以下三步：①中介变量的变化能够很好地被自变量解释；②自变量的变化能够显著解释因变量的变化；③当因变量对自变量和中介变量同时建立回归方程时，自变量对因变量的影响应该等于零，或显著降低的同时中介变量对因变量的作用显著不等于零。

6. 调节效应检验

调节效应指如果自变量（X）与因变量（Y）的关系受第三个变量的影响，该变量就成为调节变量（U），调节变量所起的作用称为调节作用。调节变量影响因变量和自变量之间关系的强弱和方向。检验调节效应最普遍的方法是多元调节回归分析（Moderated Multiple Regression），本研究中的自变量和调节变量均为连续变量，首先，需将变量进行中心化处理（用变量中测量的每个数据减去均值，使得新得到的样本数据均值为零），以减少回归方程中变量间的多重共线性。其次，构建乘积变量，需要将经过中心化的自变量和调节变量相乘即可。调节效应示意图如图 5-2 所示：

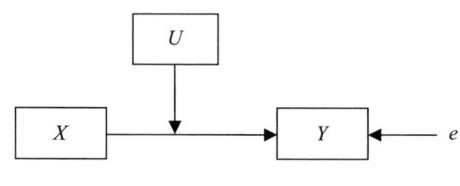

图 5-2　调节变量模型示意图

7. 有调节的中介效应检验

（1）检验模型。中介和调节效应在现有研究中受到普遍关注，若自变量通过中介变量影响因变量，引入中介效应主要探究自变量如何影响因变量。若自变量与因变量的关系受调节变量的影响，调节变量能够影响自变量和因变量之间关系的强弱或方向，引入调节变量的目的是探索自变量何时影响因变量或者什么时候影响较大。而很多模型中即包含调节变量也包含中介变量，调节和中介变量在模型中的位置不同会形成不同的分析模型，理论意义也不同。有调节的中介模型即包含中介变量也包含调节变量，是将调节效应放到中介分析背景中，将简单中介模型作为基准模型进行分析。

有调节的中介是指自变量与因变量之间的关系受中介变量影响，而该中介效应受调节变量的影响。有调节的中介模型关注的重点是自变量如何影响因变量的，即两者的作用机制也就是中介效应，其次才是中介过程是否受到调节变量的调节，调节效应反映中介效应何时强何时弱。温忠麟和叶宝娟（2014）提出了6个有调节的中介模型，以其中3种为例说明模型与检验方法，其余三种为该三种模型的特例。有调节的中介效应研究采用多元线性回归检验文中概念模型。针对同一调节变量，分别列出调节直接路径和中介过程前半路径、调节直接路径和中介过程后半路径，以及同时调节直接路径和中介过程的前后两个路径。有调节的中介效应模型中调节中介路径的前半路径和直接路径的示意图如图 5-3 所示。

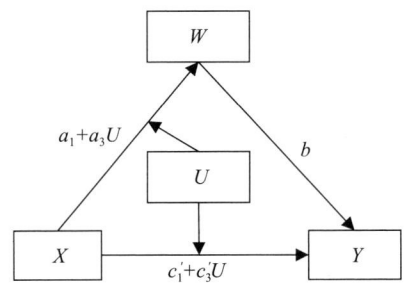

图 5-3 调节中介路径的前半路径和直接路径

回归方程：

$$Y = c_0 + c_1 X + c_2 U + c_3 UX + e_1 \tag{5.4}$$

$$W = a_0 + a_1 X + a_2 U + a_3 UX + e_2 \tag{5.5}$$

$$Y = c_0' + c_1' X + c_2' U + c_3' UX + bW \tag{5.6}$$

图 5-3 所对应回归方程式 (5.5) 可以写成 $W = a_0 + (a_1 + a_3 U)X + a_2 U + e_2$ (5.7)

从 3 个方程式中可以看出，X 经过 W 对 Y 的中介效应为 $(a_1 + a_3 U)b$，也即 $a_1 b + a_3 bU$，若 $a_1 b + a_3 bU$ 与 U 有关，或者该式随 U 变化，则研究认为该中介效应的前半路径是有调节的，因此需要检验 a_3 和 b 是否显著。

有调节的中介效应模型中调节中介路径后半路径和直接路径的示意图如图 5-4 所示。

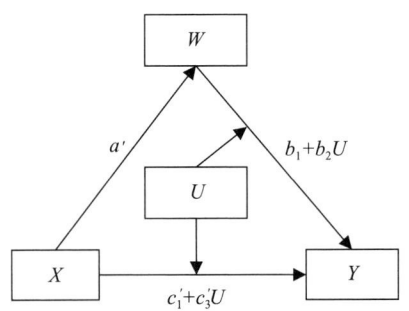

图 5-4 调节中介路径的后半路径和直接路径

回归方程：

$$Y = c_0 + c_1 X + c_2 U + c_3 UX + e_1 \tag{5.8}$$
$$W = aX + e_2 \tag{5.9}$$
$$Y = c_0' + c_1' X + c_2' U + c_3' UX + b_1 W + b_2 UW + e_3 \tag{5.10}$$

图 5-4 所对应的方程式（5.10）可写成 $Y = c_0' + c_1' X + c_2' U + c_3' UX + (b_1 + b_2 U) W + e_3$ (5.11)

从 3 个方程式中可以看出，X 经过 W 对 Y 的中介效应为 $a(b_1 + b_2 U)$，也即 $ab_1 + ab_2 U$。若 $ab_1 + ab_2 U$ 与 U 有关，或者该式随 U 变化，则研究认为该中介效应的后半路径是有调节的，因此需要检验 a 和 b_2 是否显著。

回归方程：
$$Y = c_0 + c_1 X + c_2 X + c_3 UX + e_1 \tag{5.12}$$
$$W = a_0 + a_1 X + a_2 U + a_3 UX + e_2 \tag{5.13}$$
$$Y = c_0' + c_1' X + c_2' U + c_3' UX + b_1 W + b_2 UW + e_3 \tag{5.14}$$

有调节的中介效应模型中同时调节中介路径的前后路径和直接路径示意图如图 5-5 所示。图 5-5 所对应回归方程（5.13）可以写成 $W = a_0 + (a_1 + a_3 U) X + a_2 U + e_2$ (5.15)

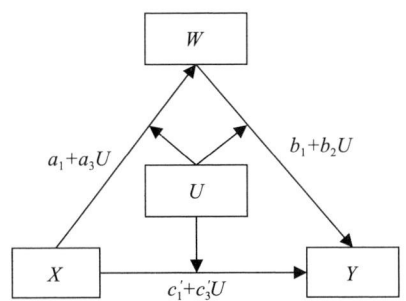

图 5-5 调节中介路径的全部路径

方程式（5.14）可写成 $Y = c_0' + c_1' X + c_2' U + c_3' UX + (b_1 + b_2 U) W + e_3$
(5.16)

从 3 个方程式中可以看出，X 经过 W 对 Y 的中介效应为 $(a_1 + a_3 U)(b_1 + b_2 U)$，也即 $a_1 b_1 + (a_1 b_2 + a_3 b_1) U + a_3 b_2 U^2$。若 $a_1 b_1 + (a_1 b_2 + a_3 b_1) U + a_3 b_2 U^2$ 与 U 有关，或者该式随 U 变化，则研究认为该中介效应的后半路径是有调节的，因此需要检验 $a_1 b_2 = 0$，$a_3 b_1 = 0$，$a_3 b_2 = 0$，只要其中有一个被

拒绝，中介效应即是有调节的。

研究中有调节的中介模型的检验涉及以上的图5-3和图5-4两种，其中关系专用性适应、权力、关系制度和潜在吸收能力有调节的中介效应示意图如图5-3所示，实际吸收能力有调节的中介效应示意图如图5-4所示。

（2）检验方法。对于有调节的中介模型检验，温忠麟和叶宝娟（2014）提出了3种检验方法：对于以上系数乘积的系数做依次检验、系数乘积的区间检验和中介效应差异检验。依次检验中对各回归系数的显著性检验通过多元线性回归完成。系数乘积的区间检验通过构造系数乘积的置信区间，利用偏态校正的非参数百分位 Bootstrap 法检验。中介效应差异检验利用 Bootstrap 法检验中介效应的差异，从而判断所涉及的中介效应之差的显著性是否成立。以上三种检验方法中，基于检验所得到的显著性，依次检验结果得到的显著性最强，中介效应差异最弱；基于显著性结果所涵盖信息，依次检验结果得到的信息最丰富，中介效应差异最少；基于对显著性结果的解释，依次检验的结果最清晰，中介效应差异的结果最模糊；基于检验的难易程度，依次检验过程相对而言最简单，而中介效应差异方法最麻烦。因此在方法的选择上，若依次检验结果已经能够得出中介效应受到调节变量的调节的结果时，除非特殊需要，将不再使用其他方法进行验证。若依次检验的结果不显著，则利用系数乘积区间检验方法进一步检验，若检验结果仍不显著，则使用中介效应差异检验方法。

第6章 数据分析与结果讨论

6.1 变量描述性统计

研究所涉及变量的描述性统计和变量间相关系数如表 6-1 和表 6-2 所示。统计学中通常用线性关系形式表示两个连续变量之间的关系。线性关系分析是采用直线方程的原理表示两个变量的关系并估计其关系强度。在做回归分析之前,首先需通过相关系数检验两个变量之间线性相关的程度,相关系数达到显著水平则表明两个变量之间的线性关系有意义,进而采用回归分析进一步预测与解释变量间的关系。根据相关系数分析结果,供应商创新性与供应商创新共享有显著的正相关关系,$r = 0.463$,$p < 0.01$,$H1$ 得到初步验证。另外,供应商创新性与创新绩效有显著的正相关关系,$r = 0.519$,$p < 0.01$;供应商创新共享与创新绩效有显著的正相关关系,$r = 0.435$,$p < 0.01$。该分析结果为中介作用的检验提供了有效依据。

表 6-1　　　　变量的描述性统计

变量	符号	均值	标准差
供应商创新性	SI	3.694	0.413
供应商创新共享	SIS	3.753	0.529
创新绩效	IP	4.012	0.781
制造企业对供应商关系专用性适应	MRA	3.779	0.623
供应商对制造企业关系专用性适应	SRA	3.031	0.493
奖励权力	RP	3.195	0.313
强制权力	CP	2.977	1.016
关系制度	GI	3.529	0.626
潜在吸收能力	PAC	3.686	0.784
实际吸收能力	RAC	3.745	0.572
企业规模	Size	6.420	0.687
合作关系持续时	Dura	5.452	0.696
技术波动	Turb	4.130	0.748

表 6-2 相关系数

	(1)	(2)	(3)	(4)	(5)	(6)	(7)	(8)	(9)	(10)	(11)	(12)	(13)
(1) SI	1.000												
(2) SIS	0.463**	1.000											
(3) IP	0.519**	0.435**	1.000										
(4) MRA	0.524**	0.318**	0.211*	1.000									
(5) SRA	0.391**	0.425**	0.362**	0.296**	1.000								
(6) RP	0.414**	0.439**	0.214*	0.267*	0.443**	1.000							
(7) CP	-0.137	-0.283*	0.208*	0.051	0.103	0.144	1.000						
(8) GI	0.171	0.217*	0.091	0.240*	0.386**	0.226*	-0.069	1.000					
(9) PAC	0.317**	0.332**	0.512**	0.431**	0.339**	0.113	0.102	0.313**	1.000				
(10) RAC	0.303**	0.306**	0.573**	0.424**	0.426**	0.095	0.154	0.324**	0.598**	1.000			
(11) Size	0.104	0.112	0.154	0.124	0.093	0.165	0.103	0.113	0.551**	0.557**	1.000		
(12) Dura	0.263*	0.237*	0.198	0.137	0.106	0.121	-0.219*	0.149	0.206	0.203	0.096	1.000	
(13) Turb	0.131	0.163	0.122	0.140	0.117	0.089	-0.221*	0.096	0.199	0.188	0.193	0.109	1.000

注：* 为 $p<0.05$，即在 0.05 水平上显著；** 为 $p<0.01$，即在 0.01 水平上显著

6.2 量表信度与效度检验

6.2.1 量表信度分析

研究采用 Cronbach's α 值判断各测量量表的信度,如表 6-3 所示。当 Cronbach's α 值大于 0.6 时,认为该量表具有良好的信度。根据分析结果,各量表整体 Cronbach's α 系数值介于 0.769~0.913 之间,均大于 0.6 的可接受水平。各量表的建构信度(CR)均超过 0.6 的可接受水平,表明量表具有良好的信度。

表 6-3　　　　量表信度分析结果

变量	维度	题项数	Cronbach α	量表整体 Cronbach α	建构信度(CR)
供应商创新性	技术能力	9	0.884	0.815	0.9015
	创新欲求	15	0.694		0.9376
	资源共享意愿	7	0.708		0.8773
	关系协同能力	9	0.753		0.9135
潜在吸收能力	获取	3	0.881	0.901	0.7754
	消化	4	0.826		0.7991
实际吸收能力	转化	4	0.798	0.864	0.8029
	应用	3	0.775		0.7571
制造企业对供应商的关系专用性适应		7	0.824	0.824	0.9073
供应商对制造企业的关系专用性适应		7	0.796	0.796	0.9026
供应商创新共享		8	0.790	0.790	0.9116
创新绩效		11	0.813	0.813	0.9190
奖励权力		5	0.890	0.890	0.8634
强制权力		4	0.913	0.913	0.8515
关系制度		11	0.769	0.769	0.9248
技术波动		4	0.893	0.893	0.8116

6.2.2 量表效度分析

研究借助 AMOS20.0 软件,利用验证性因子分析方法检验测量变量和潜变量之间的关系。量表效度检验首先通过验证性因子分析验证所收集数据与结构模型的拟合程度,用于判断建构效度的真实性与适切性。其次利用平均方差抽取量(AVE)值检验量表的聚合效度,AVE 值越大表明指标变量被潜变量构念解释的变异量的百分比越大,量表聚合效度越好。最后检验量表的区分效度,通过判断潜变量的 AVE 值与变量间标准化相关系数的评分进行比较,表明量表具有良好的区分效度。

1. 供应商创新性效度分析

基于前文扎根理论及因子分析提出的供应商创新性量表,供应商创新性分为技术能力、创新欲求、资源共享意愿和关系协同能力四个维度。供应商创新性量表验证性因子分析结果如表 6-4 和表 6-5 所示。量表建构效度检验包括聚合效度和区分效度,在检验之前首先检验样本数据与验证性因子分析模型的拟合优度,通过判断四因子的单阶段拟合指数实现。根据表 6-4 的分析结果,模型卡方自由度比值为 1.065,未达到显著水平($p = 0.108 > 0.05$),接受虚无假设,表明研究的样本数据与假设模型具有良好的适配度。模型拟合指数中,除 NFI = 0.896 略低于 0.9 的理想水平外,其余拟合指数均超过 0.9 的理想水平,表明模型拟合度良好。另外,渐进残差均方和平方根 RMSEA 值为 0.022,该值越小表示模型具有越好的适配度,小于 0.05 具有良好的适配水平,$0.05 < RMSEA < 0.08$ 表示模型适配合理,有合理误差存在,$0.08 < RMSEA < 0.1$ 表示适配处于可接受水平,$RMSEA > 0.1$ 表示模型适配度不良。供应商创新性量表 RMSEA 为 0.022,样本数据与模型适配度良好。

表 6-4　　　　　　　　　模型适配度摘要表

	CMIN	DF	P	CMIN/DF	GFI	AGFI	NFI	IFI	TLI	CFI	RMSEA
预设模型	781.711	734	0.108	1.065	0.964	0.921	0.896	0.982	0.979	0.981	0.022
适配程度				理想	理想	理想	不理想	理想	理想	理想	理想

表 6-5 为通过验证性因子分析得出各题项的标准化载荷系数和平均方差抽取量(AVE)。依据分析结果,供应商创新性各维度观测变量标准化载荷系数介于 0.587~0.831 之间,均大于 0.5 的可接受水平,初步说明该量表具有良好的聚合效度。同时,供应商创新性各因子的 AVE 值介于 0.5023~0.5434 之间,均大于 0.5 理想水平,表示同一构念特质的测量指标会落在同一因子

构念上，量表具有良好的聚合效度。

表6-5 量表验证性因子分析

变量	维度	观测变量	标准化载荷系数	标准误	t 值	AVE 值
供应商创新性	技术能力	TC1	0.824	—	—	0.5067
		TC2	0.831	0.106	10.586***	
		TC3	0.714	0.101	8.530***	
		TC4	0.654	0.104	7.619***	
		TC5	0.660	0.105	7.703***	
		TC6	0.701	0.103	8.324***	
		TC7	0.729	0.123	8.775***	
		TC8	0.635	0.103	7.336***	
		TC9	0.626	0.103	7.201***	
	创新欲求	TI1	0.771	—	—	0.5023
		TI2	0.713	0.101	8.076***	
		TI3	0.825	0.114	9.647***	
		TI4	0.628	0.116	6.972***	
		TI5	0.636	0.140	7.068***	
		TI6	0.742	0.127	8.469***	
		TI7	0.716	0.142	8.110***	
		TI8	0.662	0.118	7.410***	
		TI9	0.692	0.123	7.801***	
		TI10	0.706	0.125	7.984***	
		TI11	0.617	0.135	6.828***	
		TI12	0.763	0.132	8.761***	
		TI13	0.646	0.123	7.204***	
		TI14	0.680	0.124	7.637***	
		TI15	0.794	0.120	9.199***	
	资源共享意愿	RS1	0.718	—	—	0.5065
		RS2	0.741	0.150	7.700***	
		RS3	0.688	0.143	7.141***	
		RS4	0.801	0.146	8.328***	
		RS5	0.670	0.131	6.950***	
		RS6	0.637	0.134	6.608***	
		RS7	0.715	0.142	7.427***	
	关系协同能力	RC1	0.816	—	—	0.5434
		RC2	0.774	0.103	9.401***	
		RC3	0.860	0.101	10.934***	
		RC4	0.689	0.103	8.053***	
		RC5	0.729	0.087	8.670***	
		RC6	0.587	0.109	6.614***	
		RC7	0.629	0.122	7.192***	
		RC8	0.677	0.118	7.874***	
		RC9	0.826	0.107	10.984***	

表 6-6 为量表区分效度检验结果，研究通过比较各因子的 AVE 值与各因子间标准化相关系数平方以检验量表的区分效度。根据分析结果，量表各因子的 AVE 值均大于因子间标准化相关系数的平方，量表具有良好的区分效度。

表 6-6　　　　　　　　　　区分效度检验

因子	F1	F2	F3	F4
F1	0.5067*			
F2	0.342	0.502*		
F3	0.437	0.455	0.5065*	
F4	0.215	0.329	0.156	0.5434*

注：*对角线上值为因子 AVE 值；对角线下方值为因子间标准化相关系数的平方

2. 潜在吸收能力效度分析

潜在吸收能力包括获取和消化两个维度，该量表的验证性因子分析结果如表 6-7 和表 6-8 所示。研究样本数据与 CFA 模型拟合优度分析结果如表 6-7 所示。根据分析结果，模型卡方自由度比值为 1.540，未达到显著水平 ($p = 0.095 > 0.05$)，接受虚无假设，表明研究的样本数据与假设模型具有良好的适配度。模型拟合指数中，除 AGFI = 0.899 稍低于 0.9 的理想水平外，其余拟合指数均超过 0.9 的理想水平，表明模型拟合度良好。另外，渐进残差均方和平方根 RMSEA 值为 0.066，该值越小表示模型具有越好的适配度，介于 0.05 与 0.08 之间，表示模型适配合理，有合理误差存在，分析结果表明样本数据与模型的适配度良好。

表 6-7　　　　　　　　　　模型适配度摘要表

	CMIN	DF	P	CMIN/DF	GFI	AGFI	NFI	IFI	TLI	CFI	RMSEA
预设模型	20.024	13	0.095	1.540	0.953	0.899	0.929	0.974	0.956	0.973	0.066
适配程度			理想	理想	理想	不理想	理想	理想	理想	理想	理想

表 6-8 为通过验证性因子分析得出各题项的标准化载荷系数和变量的 AVE 值。依据分析结果，潜在吸收能力各维度观测变量标准化载荷系数介于 0.587~0.831 之间，均大于 0.5 的可接受水平，初步说明该量表具有良好的

聚合效度。同时，潜在吸收能力各因子的 AVE 值均大于 0.5 理想水平，表示同一构念特质的测量指标会落在同一因子构念上，量表具有良好的聚合效度。

表 6-8　　　　　　　　　　　量表验证性因子分析

变量	维度	观测变量	标准化负荷值	标准误	t 值	AVE 值
潜在吸收能力	获取	Ac1	0.785	0.207	6.193***	0.5361
		Ac2	0.737	0.154	6.170***	
		Ac3	0.670	—	—	
	消化	As1	0.645	0.225	5.791***	0.5014
		As2	0.818	0.235	6.537***	
		As3	0.720	0.246	6.187***	
		As4	0.634	—	—	

3. 实际吸收能力效度分析

实际吸收能力包括转化和应用两个维度，该量表的验证性因子分析结果如表 6-9 和表 6-10 所示。研究样本数据与 CFA 模型拟合优度分析结果如表 6-9 所示。根据分析结果，模型卡方自由度比值为 1.716，未达到显著水平（$p = 0.051 > 0.05$），接受虚无假设，表明研究的样本数据与假设模型具有良好的适配度。模型拟合指数中，各拟合指数均超过 0.9 的理想水平，表明模型拟合度良好。另外，渐进残差均方和平方根 RMSEA 值为 0.076，介于 0.05 与 0.08 之间，表示模型适配合理，有合理误差存在，分析结果表明样本数据与模型的适配度良好。

表 6-9　　　　　　　　　　　模型适配度摘要表

	CMIN	DF	P	CMIN/DF	GFI	AGFI	NFI	IFI	TLI	CFI	RMSEA
预设模型	22.310	13	0.051	1.716	0.951	0.895	0.931	0.970	0.950	0.969	0.076
适配程度			理想	理想	理想	不理想	理想	理想	理想	理想	理想

表 6-10 为通过验证性因子分析得出各题项的标准化载荷系数和变量的 AVE 值。依据分析结果，实际吸收能力各维度观测变量标准化载荷系数介于 0.645~0.778 之间，均大于 0.5 的可接受水平，初步说明该量表具有良好的聚合效度。同时，供应商创新性各因子的 AVE 值均大于 0.5 理想水平，表示

同一构念特质的测量指标会落在同一因子构念上,量表具有良好的聚合效度。

表 6 – 10　　　　　　　　　量表验证性因子分析

变量	维度	观测变量	标准化负荷值	标准误	t 值	AVE 值
实际吸收能力	转化	T1	0.701	0.232	6.302***	0.5056
		T2	0.778	0.211	6.757***	
		T3	0.712	0.232	6.378***	
		T4	0.647	—		
	应用	E1	0.738	0.189	6.247***	0.5107
		E2	0.756	0.211	6.326***	
		E3	0.645	—		

4. 制造企业对供应商的关系专用性适应效度分析

制造企业对供应商的关系专用性适应量表的验证性因子分析结果如表 6 – 11 和表 6 – 12 所示。研究样本数据与 CFA 模型拟合优度分析结果如表 6 – 11 所示。根据分析结果,模型卡方自由度比值为 1.284,未达到显著水平 ($p = 0.208 > 0.05$),接受虚无假设,表明研究的样本数据与假设模型具有良好的适配度。模型拟合指数中,各拟合指数均超过 0.9 的理想水平,表明模型拟合度良好。另外,渐进残差均方和平方根 RMSEA 值为 0.048,达到小于 0.05 的理想水平,模型适配良好。根据以上分析结果可知,样本数据与模型的适配度良好。

表 6 – 11　　　　　　　　　模型适配度摘要表

	CMIN	DF	P	CMIN/DF	GFI	AGFI	NFI	IFI	TLI	CFI	RMSEA
预设模型	17.981	14	0.208	1.284	0.963	0.925	0.964	0.992	0.988	0.992	0.048
适配程度				理想	理想	理想	理想	理想	理想	理想	理想

表 6 – 12 为通过验证性因子分析得出各题项的标准化载荷系数和变量的 AVE 值。依据分析结果,制造企业对供应商的关系专用性适应各维度观测变量标准化载荷系数介于 0.648 ~ 0.852 之间,均大于 0.5 的可接受水平,初步说明该量表具有良好的聚合效度。同时,制造企业对供应商的关系专用性适应变量的 AVE 值大于 0.5 理想水平,表示同一构念特质的测量指标会落在同

一因子构念上，量表具有良好的聚合效度。

表 6-12　　　　　　　　　　　量表验证性因子分析

变量	观测变量	标准化负荷值	标准误	t 值	AVE 值
制造企业对供应商关系专用性适应	MRA1	0.648	0.129	6.878***	0.5855
	MRA2	0.690	0.127	7.322***	
	MRA3	0.852	0.138	8.989***	
	MRA4	0.829	0.140	8.759***	
	MRA5	0.816	0.138	8.625***	
	MRA6	0.786	0.151	8.324***	
	MRA7	0.710	—	—	

5. 供应商对制造企业的关系专用性适应效度分析

供应商对制造企业的关系专用性适应量表验证性因子分析结果如表 6-13 和表 6-14 所示。研究样本数据与 CFA 模型拟合优度分析结果如表 6-13 所示。根据分析结果，模型卡方自由度比值为 1.458，未达到显著水平（$p = 0.118 > 0.05$），接受虚无假设，表明研究的样本数据与假设模型具有良好的适配度。模型拟合指数中，各拟合指数均超过 0.9 的理想水平，表明模型拟合度良好。另外，渐进残差均方和平方根 RMSEA 值为 0.041，达到小于 0.05 的理想水平分析结果表明样本数据与模型的适配度良好。

表 6-13　　　　　　　　　　　模型适配度摘要表

	CMIN	DF	P	CMIN/DF	GFI	AGFI	NFI	IFI	TLI	CFI	RMSEA
预设模型	20.407	14	0.118	1.458	0.955	0.910	0.958	0.987	0.980	0.986	0.041
适配程度				理想	理想	理想	理想	理想	理想	理想	理想

表 6-14 为通过验证性因子分析得出各题项的标准化载荷系数和变量的 AVE 值。依据分析结果，量表各维度观测变量标准化载荷系数介于 0.580～0.858 之间，均大于 0.5 的可接受水平，初步说明该量表具有良好的聚合效度。同时，该变量的 AVE 值大于 0.5 理想水平，表示同一构念特质的测量指标会落在同一因子构念上，量表具有良好的聚合效度。

表 6-14　　　　　　　　　　　量表验证性因子分析

变量	观测变量	标准化负荷值	标准误	t 值	AVE 值
供应商对制造企业关系专用性适应	SRA1	0.580	0.132	6.203***	0.5730
	SRA2	0.693	0.125	7.409***	
	SRA3	0.858	0.135	9.156***	
	SRA4	0.832	0.137	8.888***	
	SRA5	0.803	0.135	8.584***	
	SRA6	0.780	0.148	8.345***	
	SRA7	0.716	—	—	

6. 供应商创新共享效度分析

供应商创新共享量表验证性因子分析结果如表 6-15 和表 6-16 所示。研究样本数据与 CFA 模型拟合优度分析结果如表 6-15 所示。根据分析结果，模型卡方自由度比值为 1.096，未达到显著水平（$p=0.375>0.05$），接受虚无假设，表明研究的样本数据与假设模型具有良好的适配度。模型拟合指数中，各拟合指数均超过 0.9 的理想水平，表明模型拟合度良好。RMSEA 值为 0.024，达到小于 0.05 的理想水平，结果表明样本数据与模型适配度良好。

表 6-15　　　　　　　　　　　模型适配度摘要表

	CMIN	DF	P	CMIN/DF	GFI	AGFI	NFI	IFI	TLI	CFI	RMSEA
预设模型	21.387	20	0.375	1.096	0.960	0.927	0.962	0.997	0.996	0.997	0.024
适配程度			理想	理想	理想	理想	理想	理想	理想	理想	理想

表 6-16 为通过验证性因子分析得出各题项的标准化载荷系数和变量的 AVE 值。依据分析结果，量表各维度观测变量标准化载荷系数介于 0.572 ~ 0.843 之间，均大于 0.5 的可接受水平，初步说明该量表具有良好的聚合效度。同时，该变量的 AVE 值大于 0.5 理想水平，量表聚合效度良好。

7. 创新绩效效度分析

创新绩效量表验证性因子分析结果如表 6-17 和表 6-18 所示。研究样本数据与 CFA 模型拟合优度分析结果如表 6-17 所示。根据分析结果，模型

表 6-16　量表验证性因子分析

变量	观测变量	标准化负荷值	标准误	t 值	AVE 值
供应商创新共享	SIS1	0.572	0.149	6.191***	0.5659
	SIS2	0.772	0.139	8.442***	
	SIS3	0.709	0.123	7.731***	
	SIS4	0.843	0.130	9.247***	
	SIS5	0.810	0.130	8.881***	
	SIS6	0.777	0.130	8.501***	
	SIS7	0.775	0.142	8.480***	
	SIS8	0.728	—	—	

卡方自由度比值为 1.152，未达到显著水平（$p=0.226>0.05$），接受虚无假设，表明研究的样本数据与假设模型具有良好的适配度。模型拟合指数中，各拟合指数均超过 0.9 的理想水平，表明模型拟合度良好。另外，渐进残差均方和平方根 RMSEA 值为 0.035，达到小于 0.05 的理想水平分析结果表明样本数据与模型的适配度良好。

表 6-17　模型适配度摘要表

	CMIN	DF	P	CMIN/DF	GFI	AGFI	NFI	IFI	TLI	CFI	RMSEA
预设模型	50.699	44	0.226	1.152	0.952	0.916	0.928	0.990	0.984	0.990	0.035
适配程度				理想	理想	理想	理想	理想	理想	理想	理想

表 6-18 为通过验证性因子分析得出各题项的标准化载荷系数和变量的 AVE 值。依据分析结果，量表各维度观测变量标准化载荷系数介于 0.619～0.830 之间，均大于 0.5 的可接受水平，初步说明该量表具有良好的聚合效度。同时，该变量的 AVE 值大于 0.5 理想水平，量表具有良好的聚合效度。

8. 奖励权力效度分析

奖励权力量表验证性因子分析结果如表 6-19 和表 6-20 所示。研究样本数据与 CFA 模型拟合优度分析结果如表 6-19 所示。根据分析结果，模型卡方自由度比值为 1.048，未达到显著水平（$p=0.387>0.05$），接受虚无假设，表明研究的样本数据与假设模型具有良好的适配度。模型拟合指数中，

表6-18 量表验证性因子分析

变量	观测变量	标准化负荷值	标准误	t值	AVE值
创新绩效	IP1	0.765	0.157	7.668***	0.5104
	IP2	0.632	0.122	6.429***	
	IP3	0.619	0.153	6.309***	
	IP4	0.687	0.133	6.949***	
	IP5	0.655	0.143	6.648***	
	IP6	0.626	0.136	6.376***	
	IP7	0.830	0.153	8.253***	
	IP8	0.820	0.150	8.166***	
	IP9	0.781	0.149	7.817***	
	IP10	0.717	0.164	7.230***	
	IP11	0.684	—	—	

各拟合指数均超过0.9的理想水平，表明模型拟合度良好。另外，渐进残差均方和平方根RMSEA值为0.019，达到小于0.05的理想水平，结果表明样本数据与模型的适配度良好。

表6-19 模型适配度摘要表

	CMIN	DF	P	CMIN/DF	GFI	AGFI	NFI	IFI	TLI	CFI	RMSEA
预设模型	5.239	5	0.387	1.048	0.952	0.919	0.966	0.998	0.995	0.998	0.019
适配程度				理想	理想	理想	理想	理想	理想	理想	理想

表6-20 量表验证性因子分析

变量	观测变量	标准化负荷值	标准误	t值	AVE值
奖励权力	RP1	0.802	0.118	8.044***	0.5684
	RP2	0.611	0.139	5.310***	
	RP3	0.518	0.159	4.286***	
	RP4	0.843	0.111	8.725***	
	RP5	0.920	—	—	

表6-20为通过验证性因子分析得出各题项的标准化载荷系数和变量的AVE值。依据分析结果，量表各维度观测变量标准化载荷系数介于0.518~

0.920 之间,均大于 0.5 的可接受水平,初步说明该量表具有良好的聚合效度。同时,该变量的 AVE 值大于 0.5 理想水平,量表聚合效度良好。

9. 强制权力效度分析

强制权力量表验证性因子分析结果如表 6-21 和表 6-22 所示。研究样本数据与 CFA 模型拟合优度分析结果如表 6-21 所示。根据分析结果,模型卡方自由度比值为 1.213,未达到显著水平 ($p = 0.297 > 0.05$),接受虚无假设,表明研究的样本数据与假设模型具有良好的适配度。模型拟合指数中,各拟合指数均超过 0.9 的理想水平,表明模型拟合度良好。另外,渐进残差均方和平方根 RMSEA 值为 0.041,达到小于 0.05 的理想水平,结果表明样本数据与模型的适配度良好。

表 6-21　　　　　　　　模型适配度摘要表

	CMIN	DF	P	CMIN/DF	GFI	AGFI	NFI	IFI	TLI	CFI	RMSEA
预设模型	2.426	2	0.297	1.213	0.973	0.932	0.988	0.998	0.989	0.998	0.041
适配程度				理想	理想	理想	理想	理想	理想	理想	理想

表 6-22 为通过验证性因子分析得出各题项的标准化载荷系数和变量的平均方差抽取量。依据分析结果,量表各维度观测变量标准化载荷系数介于 0.649~0.818 之间,均大于 0.5 的可接受水平,初步说明该量表具有良好的聚合效度。同时,该变量的 AVE 值大于 0.5 理想水平,量表聚合效度良好。

表 6-22　　　　　　　　量表验证性因子分析

变量	观测变量	标准化负荷值	标准误	t 值	AVE 值
强制权力	CP1	0.649	0.102	7.082***	0.5910
	CP2	0.789	0.111	8.785***	
	CP3	0.818	0.111	9.055***	
	CP4	0.807	—		

10. 关系制度效度分析

关系制度量表验证性因子分析结果如表 6-23 和表 6-24 所示。研究样本数据与 CFA 模型拟合优度分析结果如表 6-23 所示。根据分析结果，模型卡方自由度比值为 1.244，未达到显著水平（$p=0.129>0.05$），接受虚无假设，表明研究的样本数据与假设模型具有良好的适配度。模型拟合指数中，各拟合指数均超过 0.9 的理想水平，表明模型拟合度良好。另外，渐进残差均方和平方根 RMSEA 值为 0.045，达到小于 0.05 的理想水平，结果表明样本数据与模型的适配度良好。

表 6-23　　　　　　　　　　模型适配度摘要表

	CMIN	DF	P	CMIN/DF	GFI	AGFI	NFI	IFI	TLI	CFI	RMSEA
预设模型	54.722	44	0.129	1.244	0.981	0.944	0.925	0.984	0.976	0.984	0.045
适配程度				理想	理想	理想	理想	理想	理想	理想	理想

表 6-24 为通过验证性因子分析得出各题项的标准化载荷系数和变量的 AVE 值。依据分析结果，量表各维度观测变量标准化载荷系数介于 0.626~0.836 之间，均大于 0.5 的可接受水平，初步说明该量表具有良好的聚合效度。同时，该变量的 AVE 值大于 0.5 理想水平，量表聚合效度良好。

表 6-24　　　　　　　　　　量表验证性因子分析

变量	观测变量	标准化负荷值	标准误	t 值	AVE 值
关系制度	GI1	0.767	0.152	7.781***	0.5299
	GI2	0.662	0.115	6.746***	
	GI3	0.646	0.147	6.586***	
	GI4	0.715	0.129	7.272***	
	GI5	0.689	0.136	7.013***	
	GI6	0.626	0.132	6.389***	
	GI7	0.836	0.147	8.453***	
	GI8	0.826	0.144	8.352***	
	GI9	0.786	0.144	7.965***	
	GI10	0.718	0.160	7.296***	
	GI11	0.702	—	—	

11. 技术波动效度分析

供应商创新共享量表验证性因子分析结果如表 6-25 和表 6-26 所示。

研究样本数据与 CFA 模型拟合优度分析结果如表 6-25 所示。根据分析结果，模型卡方自由度比值为 1.141，未达到显著水平（$p=0.319>0.05$），接受虚无假设，表明研究的样本数据与假设模型具有良好的适配度。模型拟合指数中，各拟合指数均超过 0.9 的理想水平，表明模型拟合度良好。另外，渐进残差均方和平方根 RMSEA 值为 0.033，达到小于 0.05 的理想水平，结果表明样本数据与模型的适配度良好。

表 6-25　　　　　　　　　　模型适配度摘要表

	CMIN	DF	P	CMIN/DF	GFI	AGFI	NFI	IFI	TLI	CFI	RMSEA
预设模型	2.282	2	0.319	1.141	0.977	0.931	0.985	0.998	0.990	0.998	0.033
适配程度			理想	理想	理想	理想	理想	理想	理想	理想	理想

表 6-26 为通过验证性因子分析得出各题项的标准化载荷系数和变量的 AVE 值。依据分析结果，量表各维度观测变量标准化载荷系数介于 0.685~0.810 之间，均大于 0.5 的可接受水平，初步说明该量表具有良好的聚合效度。同时，该变量的 AVE 值大于 0.5 理想水平，量表聚合效度良好。

表 6-26　　　　　　　　　量表验证性因子分析

变量	观测变量	标准化负荷值	标准误	t 值	AVE 值
技术波动	Turb 1	0.685	0.172	5.660***	0.5216
	Turb 2	0.810	0.216	6.168***	
	Turb 3	0.773	0.155	6.069***	
	Turb 4	0.603	—	—	

12. 所有变量量表的效度分析

研究利用验证性因子分析对所有量表区分效度进行检验，如表 6-27 所示。依据检验结果，所有潜变量量表的 AVE 值介于 0.510~0.591 之间，各变量间的相关系数的平方介于 0.008~0.358 之间，小于变量的 AVE 值，各量表具有良好的区分效度。

表 6-27　　　　　　　所有量表的区分效度检验

	(1)	(2)	(3)	(4)	(5)	(6)	(7)	(8)	(9)	(10)	(11)
(1) SI	0.524*										
(2) SIS	0.214	0.566									
(3) IP	0.269	0.189	0.510								
(4) MRA	0.275	0.101	0.045	0.568							
(5) SRA	0.153	0.181	0.131	0.088	0.573						
(6) RP	0.171	0.193	0.046	0.071	0.196	0.566					
(7) CP	0.019	0.080	0.043	0.040	0.011	0.021	0.591				
(8) GI	0.029	0.047	0.008	0.058	0.149	0.0511	0.005	0.530			
(9) PAC	0.100	0.110	0.262	0.186	0.115	0.013	0.0105	0.098	0.581		
(10) RAC	0.092	0.094	0.328	0.180	0.181	0.009	0.024	0.105	0.358	0.535	
(11) Turb	0.017	0.027	0.015	0.020	0.014	0.008	0.049	0.009	0.040	0.035	0.522

注：*对角线上值为因子 AVE 值；对角线下方值为因子间标准化相关系数的平方

6.3　层次回归假设检验

基于第 3 章供应商创新性构念的探索及第 4 章供应商创新性利用机制概念模型，研究对供应商创新共享的中介作用，关系专用性适应、权力、关系制度潜在吸收能力和实际吸收能力对供应商创新共享在供应商创新性与创新绩效之间中介作用的调节作用进行假设检验，借助 SPSS20.0 软件，利用多元回归方法检验研究假设。

6.3.1　供应商创新共享中介作用假设检验

对于中介效应的检验，Baron and Kenny（1986）提出依次检验法：①自变量对中介变量的影响效果（a）显著；②自变量对因变量的影响效果（c）显著；③做因变量对自变量和中介变量的回归，若自变量对因变量的影响（c'）显著，则属于不完全中介效应，若影响不显著，则属于完全中介效应。

温忠麟和叶宝娟（2014）认为，依次检验的检验力较低，当中介变量对自变量的回归系数（a）和因变量对中介变量的回归系数（b）乘积项显著时，依次检验容易将其认为不显著而出现第一类错误。而检验系数乘积项（假设 $H_0: ab=0$）的方法有乘积分布法、马尔科夫链蒙特卡罗（MCMC）法和非参数百分位/偏差校正非参数百分位 Bootstrap 法三种，而其中偏差校正的非参数百分位 Bootstrap 法是普遍认可的直接检验系数乘积项的方法。温忠麟和叶宝娟（2014）在 Baron and Kenny（1986）提出的逐步检验回归系数的检验步骤基础上，认为若依次检验结果已经显著，则不存在其检验力低的问题，且检验结果甚至优于 Bootstrap 法；若依次检验结果不显著，则采用检验力高的 Bootstrap 法进一步检验，相应回归方程为：

$$Y = cX + e_1 \tag{6.1}$$

$$W = aX + e_2 \tag{6.2}$$

$$Y = c'X + bW + e_3 \tag{6.3}$$

具体检验步骤为：①检验因变量对自变量的回归系数 c；②依次检验（6.2）式中回归系数 a 和（6.3）式中回归系数 b，若两个回归系数均显著，则自变量对因变量影响的间接效应显著，进行第 4 步检验；若两者中一个不显著，则进行第三步检验；③采用 Bootstrap 法检验系数乘积项是否显著，若显著则证明间接效应显著，进行第 4 步检验，若系数乘积项不显著则中介效应不显著；④做因变量对自变量和中介变量的回归，对 c' 进行检验，如果不显著，则直接效应不显著，属于完全中介效应，如果显著，则进行第五步。⑤将乘积项 ab 与 c' 的符号进行比较，如果异号，则属于遮掩效应，同号表明中介效应属于部分中介。

研究基于以上分析步骤，首先将供应商创新性、供应商创新共享和创新绩效变量数据进行中心化处理，并以创新绩效和供应商创新共享为因变量分别构建模型 1～模型 3 和模型 4、模型 5。层次回归分析结果如表 6-28 所示，其中模型 1 和模型 4 为只有三个控制变量的基准模型。模型 2 在基准模型基础上加入自变量供应商创新性，检验供应商创新性对创新绩效的直接作用，模型 3 在基准模型基础上加入供应商创新性和供应商创新共享，检验供应商创新共享对创新绩效的影响，模型 5 在基准模型基础上加入自变量供应商创新性，检验供应商创新性对供应商创新共享的影响。

表 6-28　　　供应商创新共享中介作用层次回归分析结果

变量	创新绩效			供应商创新共享	
	模型 1	模型 2	模型 3	模型 4	模型 5
企业规模	0.007	-0.033	-0.034	0.023	0.005
合作关系持续时	-0.061	-0.019	-0.029	0.045	0.064
技术波动	0.068	0.021	0.046	0.051	0.044
供应商创新性		0.574***	0.535***		0.272***
供应商创新共享			0.145**		
R^2	0.158	0.471	0.490	0.039	0.109
调整后的 R^2	0.150	0.464	0.482	0.029	0.097
ΔR^2	0.158	0.313	0.019	0.039	0.07
F	19.148***	180.828***	11.250**	4.099**	24.075***

注：* 表示 $P<0.05$，** 表示 $P<0.01$，*** 表示 $P<0.001$

根据表 6-28 的回归分析结果，依据中介效应的检验步骤可知，模型 2 中供应商创新性的回归系数为 0.574，在 0.001 水平上显著，表明供应商创新性对创新绩效的影响显著。进一步依次检验中介变量供应商创新共享对自变量供应商创新性的回归系数（a）和创新绩效对供应商创新共享的回归系数（b），模型 5 中供应商创新性的回归系数为 0.272，在 0.001 水平善显著，假设 H1 得到验证。模型 3 供应商创新共享回归系数为 0.145，在 0.01 水平上显著，模型 5 和模型 3 检验结果表明供应商创新性对创新绩效的间接效应显著。依据模型 3，供应商创新性的回归系数为 0.535，在 0.001 水平显著，且回归系数变小，因此供应商创新共享在供应商创新性与创新绩效之间起部分中介作用，假设 H2 得到验证。

6.3.2　关系专用性适应的调节作用

关系专用性适应的调节作用体现供应商创新共享的中介作用受到关系专用性适应的调节，是第一阶段被调节的中介作用。研究采用层次回归分析方法检验有调节的中介效应概念模型，并在回归方程中引入供应商创新性与关系专用性适应的交互项。关系专用性适应包括制造企业对供应商的关系专用性适应和供应商对制造企业的关系专用性适应，现对两者的调节作用分别进行检验。

1. 制造企业对供应商关系专用性适应调节作用检验

根据前文提出的第一阶段有调节的中介模型，研究提出供应商对制造企业的关系专用性适应的调节作用回归方程：

$$IP = c_0 + c_1 SI + c_2 MRA + c_3 MRA \times SI + e_1 \tag{6.4}$$

$$SIS = a_0 + a_1 SI + a_2 MRA + a_3 MRA \times SI + e_2 \tag{6.5}$$

$$IP = c_0' + c_1' SI + c_2' MRA + c_3' MRA \times SI + bSIS + e_3 \tag{6.6}$$

其中将式（6.5）代入式（6.6），可得

$$IP = (c_0' + ba_0) + [c_1' + b(a_1 + a_3 MRA)] SI + (c_2' + ba_2) MRA + c_3' SI \times MRA + e \tag{6.7}$$

根据式（6.7）可知，供应商创新性经过供应商创新共享对创新绩效的中介效应为 $(a_1 + a_3 MRA) b$。

检验第一阶段有调节的中介作用是否显著的步骤为①检验回归（1）中回归系数 c_3 是否显著，从而可知不考虑中介效应的影响时，供应商创新性对创新绩效的直接效应是否受到调节；②检验 $(a_1 + a_3 MAR) b$ 是否与 MRA（制造企业对供应商的关系专用性适应）有关，通过依次检验 a_3 和 b 是否显著，如果 $a_3 \neq 0$ 且 $b \neq 0$，则中介效应的前半路径受到调节。③如果依次检验结果不显著，则采用偏差校正非参数百分位 Bootstrap 法对系数乘积 $(a_3 b)$ 的置信区间进行检验，若系数乘积的 95% 置信区间不包括 0，即可认为有调节的中介作用显著。④若仍不显著，则进行中介效应差异检验，即通过检验调节变量较高（调节变量均值加一个标准差）和较低（调节变量均值减一个标准差）时，中介效应的差异是否显著，同样采用偏差校正非参数百分位 Bootstrap 法对中介效应差异的置信区间进行检验，如果中介效应较高和较低两种情况下中介作用差异的 95% 置信区间不包括 0，则中介效应随调节变量 MRA 变化，中介作用的第一阶段受到调节。

为避免多重共线性和受试者回答偏差对结果的影响，研究对供应商创新性、制造企业对供应商关系专用性适应、供应商创新共享和创新绩效进行中心化处理，通过层次回归方法检验假设 H3a、H3b。为检验制造企业对供应商的关系专用性适应能否调节供应商创新性与供应商创新共享之间起调节作用，引入供应商创新性与关系专用性适应的交互项。表 6 – 29 为层次回归分析结

果,回归方程式(6.4)用于检验在不考虑中介作用的情况下,制造企业对供应商关系专用性适应在供应商创新性与创新绩效之间的调节作用,通过模型1~模型3检验。模型3回归分析中供应商创新性对创新绩效具有正向影响($\beta=0.069$,$p<0.001$),制造企业对供应商关系专用性适应的回归系数为0.490,在0.001水平上显著,供应商创新性与关系专用性适应的交互项回归系数为0.069,没有通过显著性检验,表明制造企业对供应商的关系专用性适应不能调节供应商创新性对创新绩效的直接效应。回归方程式(6.5)检验制造企业对供应商的关系专用性适应在供应商创新性与供应商创新共享之间的调节作用,检验结果见表6-29的模型4~模型6。模型4为仅进入控制变量的基准模型回归结果,模型5为引入供应商创新性之后的回归结果,模型6为在模型5基础上引入交互项的回归结果,结果表明制造企业对供应商关系专用性适应通过显著性检验($\beta=0.174$,$p<0.01$)。供应商创新性与制造企业对供应商关系专用性适应的交互项,即回归方程式(6.5)中回归系数a_3通过显著性检验($\beta=0.482$,$p<0.001$),表明制造企业对供应商关系专用性适应正向调节供应商创新性对供应商创新共享的影响,假设H3a得到验证。为检验供应商创新共享及其与制造企业对供应商的关系专用性适应交互作用是否影响创新绩效,通过模型7进行验证。回归分析结果表明,供应商创新共享正向影响创新绩效($\beta=0.259$,$p<0.001$),但是供应商创新共享与制造企业对供应商关系专用性适应的交互项回归系数不显著($\beta=0.017$,$p>0.05$),结果表明制造企业对供应商关系专用性适应不能调节供应商创新共享与创新绩效之间的关系,说明中介作用的第二阶段未受到调节作用。

回归方程式(6.6)在式(6.4)基础上引入供应商创新共享的中介作用,通过模型8进行验证。模型8为创新绩效对供应商创新性、制造企业对供应商的关系专用性适应、两者的交互项和创新共享的回归结果。根据检验结果,供应商创新共享回归系数为0.112,即回归方程式(6.6)中回归系数b通过显著性检验($p<0.05$)。根据有调节的中介效应检验方法,在依次检验过程中,当(6.6)式中供应商创新共享的回归系数a_3和(6.5)式中供应商创新性和制造企业对供应商关系专用性适应的回归系数b分别显著时,供应商创新性通过供应商创新共享影响创新绩效的间接效应前半路径受到制造企业对供应商的关系专用性适应的调节,假设H3b得到验证。

表 6-29　制造企业关系专用性适应调节作用层次回归分析

	创新绩效			供应商创新共享			创新绩效	
	模型1	模型2	模型3	模型4	模型5	模型6	模型7	模型8
企业规模	0.007	-0.033	-0.030	0.023	0.005	0.019	-0.021	-0.033
合作关系持续时	-0.061	-0.019	-0.046	0.045	0.064	0.036	-0.097**	-0.050
技术波动	0.068	0.021	0.041	0.051	0.044	0.063	0.036	0.029
供应商创新性		0.574***	0.490***		0.272***	0.213***		0.466***
制造企业对供应商关系专用性适应			0.222***			0.174**	0.333***	0.202***
供应商创新共享							0.259***	0.112*
供应商创新性 × 制造企业对供应商关系专用性适应			0.069			0.482***		0.015
供应商创新共享 × 制造企业对供应商关系专用性适应								0.017
R^2	0.158	0.471	0.515	0.039	0.109	0.348	0.400	0.506
调整后 R^2	0.150	0.464	0.506	0.029	0.097	0.335	0.388	0.497
ΔR^2	0.158	0.313	0.044	0.039	0.07	0.239	0.242	0.201
F	19.148***	180.828***	13.762***	4.099**	24.075***	55.542***	40.646***	53.120***

注：* 表示 $P<0.05$，** 表示 $P<0.01$，*** 表示 $P<0.001$

2. 供应商对制造企业关系专用性适应调节作用检验

根据前文提出的第一阶段有调节的中介模型，研究提出供应商对制造企业的关系专用性适应的调节作用回归方程：

$$IP = c_0 + c_1 SI + c_2 SRA + c_3 SRA \times SI + e_1 \tag{6.8}$$

$$SIS = a_0 + a_1 SI + a_2 SRA + a_3 SRA \times SI + e_2 \tag{6.9}$$

$$IP = c_0' + c_1' SI + c_2' SRA + c_3' SRA \times SI + bSIS + e_3 \tag{6.10}$$

其中将（6.9）式代入（6.10）式，可得

$$IP = (c_0' + ba_0) + [c_1' + b(a_1 + a_3 SRA)]SI + (c_2' + ba_2)SRA + c_3'SI \times SRA + e$$
(6.11)

根据（6.11）式可知，供应商创新性经过供应商创新共享对创新绩效的中介效应为 $(a_1 + a_3 SRA)b$。

供应商对制造企业关系专用性适应对中介作用的调节是第一阶段有调节的中介作用，按照上述方法检验其调节作用，首先采用层次回归分析方法依次判断回归系数 a_3 和 b 的显著性。对供应商创新性、供应商对制造企业关系专用性适应、供应商创新共享和创新绩效进行中心化处理，通过层次回归方法检验假设 H3c、H3d。表 6-30 为供应商对制造企业关系专用性适应调节作用的层次回归分析结果。回归方程式（6.8）用于检验在不考虑中介作用的情况下，供应商对制造企业关系专用性适应在供应商创新性与创新绩效之间的调节作用，通过模型1~模型3检验。模型3分析结果显示供应商创新性与供应商对制造企业关系专用性适应的交互项未通过显著性检验（$\beta = 0.490$，$p > 0.05$），表明供应商对制造企业的关系专用性适应不能调节供应商创新性对创新绩效的直接效应。回归方程式（6.9）检验供应商对制造企业的关系专用性适应在供应商创新性与供应商创新共享之间的调节作用，检验结果见表6-30的模型4~模型6。模型6为引入供应商创新性与供应商对制造企业关系专用性适应的交互项的回归结果，结果表明交互项，即回归方程式（6.9）回归系数 a_3 通过显著性检验（$\beta = 0.287$，$p < 0.001$），表明制造企业对供应商关系专用性适应正向调节供应商创新性对供应商创新共享的影响，假设 H3c 得到验证。研究通过模型7引入供应商创新共享与供应商对制造企业关系专用性适应的交互项，检验两者的交互项是否影响创新绩效。回归分析结果表明，两者的交互项回归系数不显著（$\beta = 0.066$，$p > 0.05$），结果表明供应商对制造企业关系专用性适应不能调节供应商创新共享与创新绩效之间的关系，说明该中介作用的第二阶段未受到调节作用。

模型8为创新绩效对供应商创新性、供应商对制造企业的关系专用性适应、两者的交互项以及创新共享的回归结果。回归方程（6.10）在（6.8）式基础上引入供应商创新共享的中介作用，通过该模型验证供应商对制造企业关系专用性适应在中介作用第一阶段所起的调节作用。根据检验结果，供应商创新共享回归系数为0.118，即回归方程（6.10）中回归系数 b 通过显著性检验（$p<0.01$）。基于以上分析，回归系数 a_3 和 b 均达到显著性水平，供应商创新性通过供应商创新共享影响创新绩效的间接效应前半路径受到供应商对制造企业的关系专用性适应的调节，假设 H3d 得到验证。

表6-30　供应商关系专用性适应调节作用层次回归分析

	创新绩效			供应商创新共享			创新绩效	
	模型1	模型2	模型3	模型4	模型5	模型6	模型7	模型8
企业规模	0.007	-0.033	-0.027	0.023	0.005	-0.002	-0.002	-0.026
合作关系持续时	-0.061	-0.019	-0.049	0.045	0.064	0.042	-0.100	-0.051
技术波动	0.068	0.021	0.040	0.051	0.044	0.022	-0.411	0.036
供应商创新性		0.574***	0.470***		0.272***	0.166**		0.451***
供应商对制造企业关系专用性适应			0.250***			0.204**	0.355***	0.226***
供应商创新共享							0.228***	0.118**
供应商创新性×供应商对制造企业关系专用性适应			0.073			0.287***		0.039
供应商创新共享×供应商对制造企业关系专用性适应							0.066	
R^2	0.158	0.471	0.517	0.039	0.109	0.184	0.369	0.528
调整后 R^2	0.150	0.464	0.507	0.029	0.097	0.168	0.356	0.517
ΔR^2	0.158	0.313	0.045	0.039	0.07	0.075	0.211	0.057
F	19.148***	180.828***	14.259***	4.099**	24.075***	13.928***	33.725***	12.116***

注：*表示 $P<0.05$，**表示 $P<0.01$，***表示 $P<0.001$

6.3.3　权力的调节作用

1. 奖励权力的调节作用检验

根据前文提出的第一阶段有调节的中介模型，奖励权力的调节作用回归方程：

$$IP = c_0 + c_1 SI + c_2 RP + c_3 RP \times SI + e_1 \tag{6.12}$$

$$SIS = a_0 + a_1 SI + a_2 RP + a_3 RP \times SI + e_2 \tag{6.13}$$

$$IP = c_0' + c_1' SI + c_2' RP + c_3' RP \times SI + bSIS + e_3 \tag{6.14}$$

其中将（6.13）式代入（6.14）式，可得

$$IP = (c_0' + ba_0) + [c_1' + b(a_1 + a_3 RP)]SI + (c_2' + ba_2)RP + c_3' SI \times RP + e \tag{6.15}$$

根据（6.15）式，供应商创新性经过供应商创新共享对创新绩效的中介效应为 $(a_1 + a_3 RP) b$。

依据第一阶段有调节的中介模型检验方法检验回归系数 a_3 和 b 的显著性。研究对供应商创新性、奖励权力、供应商创新共享和创新绩效进行中心化处理，通过层次回归方法检验假设 H4a、H4b，表 6-31 为奖励权力的层次回归分析结果。回归方程式（6.12）用于检验在不考虑中介作用的情况下，奖励权力在供应商创新性与创新绩效之间的调节作用，通过模型 1~模型 3 检验。模型 3 分析结果显示供应商创新性与奖励权力交互项的回归系数未通过显著性检验（$\beta = 0.075$，$p > 0.05$），奖励权力不能调节供应商创新性对创新绩效的直接效应。回归方程式（6.13）检验奖励权力在供应商创新性与供应商创新共享之间的调节作用，检验结果见表 6-31 的模型 4~模型 6。模型 6 为引入供应商创新性与奖励权力的交互项的回归结果，结果表明交互项，即回归方程（6.13）中回归系数 a_3 通过显著性检验（$\beta = 0.391$，$p < 0.001$），表明奖励权力正向调节供应商创新性对供应商创新共享的影响，假设 H4a 得到验证。模型 7 为引入供应商创新共享与奖励权力交互项的回归结果，检验两者交互项对创新绩效的影响是否显著。结果表明两者的交互项回归系数不显著（$\beta = 0.053$，$p > 0.05$），奖励权力不能调节供应商创新共享与创新绩效之间关系，该中介作用的第二阶段未受到调节。

模型 8 为创新绩效对供应商创新性、奖励权力、两者的交互项以及创新共享的回归结果。回归方程式（6.14）验证奖励权力在中介作用第一阶段的调节作用。根据检验结果，供应商创新共享回归系数为 0.091，即回归方程（6.14）中回归系数 b 未通过显著性检验（$p > 0.05$）。基于以上依次检验分析结果，回归系数 a_3 达到显著性水平，但回归系数 b 未达到显著性水平，依次检验结果不能证明供应商创新性通过供应商创新共享影响创新绩效的间接效应前半路径受到奖励权力的调节。尽管依次检验方法得到的显著性最强，第

表 6-31　　　　　　　　奖励权力调节作用层次回归分析

	创新绩效			供应商创新共享			创新绩效	
	模型1	模型2	模型3	模型4	模型5	模型6	模型7	模型8
企业规模	0.007	-0.033	-0.043	0.023	0.005	0.004	-0.037	-0.044
合作关系持续时	-0.061	-0.019	-0.055	0.045	0.064	0.050	-0.108	-0.059
技术波动	0.068	0.021	0.046	0.051	0.044	0.065	0.059	0.051
供应商创新性		0.574***	0.441***		0.272***	0.140*		0.429***
奖励权力			0.273***			0.170**	0.390***	0.258***
供应商创新共享							0.197***	0.091
供应商创新性×奖励权力			0.075			0.391***		0.039
供应商创新共享×奖励权力								0.053
R^2	0.158	0.471	0.147	0.039	0.109	0.274	0.399	0.520
调整后 R^2	0.150	0.464	0.138	0.029	0.097	0.259	0.386	0.508
ΔR^2	0.158	0.313	0.147	0.039	0.07	0.225	0.251	0.372
F	19.148***	180.828***	16.467***	4.099**	24.075***	29.276***	39.311***	54.677***

注：* 表示 $P<0.05$，** 表示 $P<0.01$，*** 表示 $P<0.001$

一类错误率较低，但同时依次检验的检验力较低，容易得出不显著的结论，因此根据以上依次检验结果不能判断奖励权力是否对中介作用前半路径具有调节作用，还需进一步采用偏差校正非参数百分位 Bootstrap 法对系数乘积（a_3b）的置信区间进行检验。

研究采用 Mplus7 软件并利用偏差校正非参数百分位 Bootstrap 法对回归系数乘积（a_3b）的置信区间进行检验，并设置再次抽样次数为 2000。根据检验结果可知，系数乘积 a_3b 的 95% 置信区间为 [-0.029，-0.001]，置信区间不包括 0，可以判断系数乘积显著不为 0，根据有调节的中介效应检验方法，奖励权力对供应商创新共享中介作用第一阶段具有调节作用，假设 H4b 得到验证，Mplus 程序见附录 3 所示。

2. 强制权力的调节作用检验

根据前文提出的第一阶段有调节的中介模型,强制权力的调节作用回归方程为:

$$IP = c_0 + c_1 SI + c_2 CP + c_3 CP \times SI + e_1 \tag{6.16}$$

$$SIS = a_0 + a_1 SI + a_2 CP + a_3 CP \times SI + e_2 \tag{6.17}$$

$$IP = c_0' + c_1' SI + c_2' CP + c_3' CP \times SI + bSIS + e_3 \tag{6.18}$$

其中将(6.17)式代入(6.18)式,可得

$$IP = (c_0' + ba_0) + [c_1' + b(a_1 + a_3 CP)]SI + (c_2' + ba_2)CP + c_3' SI \times CP + e \tag{6.19}$$

根据(6.19)式,供应商创新性经过供应商创新共享对创新绩效的中介效应为 $(a_1 + a_3 CP)b$。

强制权力对供应商创新共享中介作用的第一阶段具有调节作用,研究采用层次回归分析方法依次判断回归系数 a_3 和 b 的显著性。对供应商创新性、强制权力、供应商创新共享和创新绩效进行中心化处理,通过层次回归方法检验假设 H4c、H4d。表6-32为强制权力调节作用的层次回归分析结果。回归方程(6.16)式用于检验在不考虑中介作用的情况下,强制权力在供应商创新性与创新绩效之间的调节作用,通过模型1~模型3检验。模型3分析结果显示供应商创新性与强制权力的交互项未通过显著性检验($\beta = -0.008$,$p > 0.05$),表明强制权力不能调节供应商创新性对创新绩效的直接效应。回归方程式(6.17)检验强制权力在供应商创新性与供应商创新共享之间的调节作用,检验结果见表6-32的模型4~模型6。模型6为引入供应商创新性与强制权力的交互项的回归结果,结果表明回归方程(6.17)中回归系数 a_3,即交互项未通过显著性检验($\beta = 0.02$,$p > 0.05$),表明制强制权力对供应商创新性与供应商创新共享的调节作用不显著,假设H4c未得到验证。研究通过模型7检验供应商创新共享及其与强制权力的交互作用是否影响创新绩效。回归分析结果表明,供应商创新共享正向影响创新绩效($\beta = 0.183$,$p < 0.001$),但是供应商创新共享与强制权力的交互项回归系数不显著($\beta = 0.066$,$p > 0.05$),结果表明强制权力不能调节供应商创新共享与创新绩效之间的关系,该中介作用的第二阶段未受到调节作用。

表 6-32　　　　　　　　　强制权力调节作用层次回归分析

	创新绩效			供应商创新共享			创新绩效	
	模型 1	模型 2	模型 3	模型 4	模型 5	模型 6	模型 7	模型 8
企业规模	0.007	-0.033	-0.034	0.023	0.005	0.002	-0.002	-0.035
合作关系持续时	-0.061	-0.019	-0.021	0.045	0.064	0.061	-0.075	-0.028
技术波动	0.068	0.021	0.046	0.051	0.044	0.040	-0.056	-0.039
供应商创新性		0.574***	0.544***		0.272***	0.221***		0.520***
强制权力			0.154			0.258***	0.183***	0.126
供应商创新共享							0.243***	0.111*
供应商创新性×强制权力			-0.008			0.02		-0.011
供应商创新共享×强制权力								0.066
R^2	0.158	0.471	0.495	0.039	0.109	0.172	0.275	0.505
调整后 R^2	0.150	0.464	0.485	0.029	0.097	0.156	0.260	0.493
ΔR^2	0.158	0.313	0.023	0.039	0.07	0.063	0.036	0.347
F	19.148***	180.828***	6.996	4.099**	24.075***	11.523***	7.564***	52.894***

注：* 表示 $P<0.05$，** 表示 $P<0.01$，*** 表示 $P<0.001$

回归方程（6.18）在（6.16）式基础上引入供应商创新共享的中介作用，通过模型 8 进行验证。模型 8 为创新绩效对供应商创新性、强制权力、两者的交互项和创新共享的回归结果。根据检验结果，供应商创新共享回归系数为 0.111，即回归方程（6.18）中回归系数 b 通过显著性检验（$p<0.05$）。由于层次回归检验结果（6.18）式中供应商创新共享的回归系数 a_3 未通过显著性检验，依次检验法无法确定供应商创新性通过供应商创新共享影响创新绩效的间接效应前半路径是否受到强制权力的调节，根据有调节的中介检验方法，由于依次检验方法的检验力较低，检验结果不显著时并不能确定强制权力的调节作用，因此进一步采用偏差较正非参数百分位 Bootstrap 法对系数乘积（$a_3 b$）的区间进行检验。

采用 Mplus7 软件并利用偏差校正非参数百分位 Bootstrap 法对回归系数乘积（$a_3 b$）的置信区间进行检验，并设置再次抽样次数为 2000。根据检验结果可知，系数乘积 a_3b 的95%置信区间为 [-0.014, 0.026]，置信区间包括0，该方法检验强制权力对供应商创新共享中介作用第一阶段的调节作用仍不显著，根据有调节的中介效应检验方法，进一步采用中介效应差异进行检验。

根据 Preacher、Rucker 和 Hayes（2007）提出的检验有调节的中介模型的方法检验强制权力的调节作用，以中心化的强制权力为基准，探索强制权力不同水平下的中介效应差异是否显著。同样，供应商创新性通过供应商创新共享影响创新绩效的中介效应为 $(a_1 + a_3CP)b$，当强制权力较高时，即强制权力位于均值加一个标准差水平（3.993），当强制权力较低时，即强制权力位于均值减一个标准差水平（1.961），检验结果如表6-33所示。研究借助 Mplus7 采用 Bootstrap 法设定再次抽样次数为2000，得到强制权力较高、较低水平下供应商创新性对创新绩效影响的中介效应系数和中介效应系数及置信区间，以及两种情况下中介效应之差的系数及置信区间。在高强制权力下，中介效应的95%置信区间为 [-0.006, 0.047] 包括0，供应商创新性通过创新共享影响创新绩效的作用不显著，$\beta = 0.010$，$p = 0.428$；在低强制权力下，中介效应置信区间为 [-0.040, 0.011] 包括0，供应商创新性通过创新共享影响创新绩效的作用不显著（$\beta = -0.012$，$p = 0.653$）；而两种情况下中介效应的差异亦不显著（$\beta = 0.026$，$p = 0.268$），置信区间为 [-0.001, 0.052] 包括0，通过以上3只能够检验方法判断有调节的中介效应均不显著，H4d 未得到验证。Mplus 程序见附录3所示。

表6-33　　　　Bootstrap 方法检验有调节的中介作用

调节变量	系数	标准误	显著性	95%置信区间
高强制权力	0.010	0.012	0.482	[-0.006, 0.047]
低强制权力	-0.012	0.011	0.653	[-0.040, 0.011]
差异性	0.026	0.012	0.268	[-0.001, 0.052]

6.3.4　关系制度的调节作用

根据前文提出的第一阶段有调节的中介模型，研究提出关系制度的调节作用回归方程为：

$$IP = c_0 + c_1 SI + c_2 GI + c_3 GI \times SI + e_1 \quad (6.20)$$

$$SIS = a_0 + a_1 SI + a_2 GI + a_3 GI \times SI + e_2 \qquad (6.21)$$
$$IP = c'_0 + c'_1 SI + c'_2 GI + c'_3 GI \times SI + bSIS + e_3 \qquad (6.22)$$

其中将（6.21）式代入（6.22）式，可得

$$IP = (c'_0 + ba_0) + [c'_1 + b(a_1 + a_3 GI)]SI + (c'_2 + ba_2)GI + c'_3 SI \times GI + e \qquad (6.23)$$

根据（6.23）式，供应商创新性经过供应商创新共享对创新绩效的中介效应为 $(a_1 + a_3 GI)b$。

研究采用层次回归分析检验关系制度在中介作用第一阶段的调节作用，按照上述有调节的中介作用检验方法，利用依次检验判断回归系数 a_3 和 b 的显著性，对假设 H5a、H5b 进行检验。研究将各变量进行中心化处理，表 6-34 为关系制度调节作用的层次回归分析结果。回归方程中（6.20）式用于检验在不考虑中介作用的情况下，关系制度在供应商创新性与创新绩效之间的调节作用，通过模型1~模型3检验。模型3分析结果显示供应商创新性与关系制度的交互项未通过显著性检验（$\beta = 0.023$，$p > 0.05$），关系制度不能调节供应商创新性对创新绩效的直接效应。回归方程式（6.21）检验关系制度在供应商创新性与供应商创新共享之间的调节作用，检验结果见表 6-34 的模型4~模型6。模型6为引入供应商创新性与关系制度交互项的回归结果，结果表明交互项，即回归方程（6.21）中回归系数 a_3 通过显著性检验（$\beta = 0.339$，$p < 0.001$），关系制度正向调节供应商创新性对供应商创新共享的影响，假设 H5a 得到验证。研究通过模型7引入供应商创新共享与关系制度的交互项，检验两者的交互项是否影响创新绩效。回归分析结果表明，两者的交互项回归系数不显著（$\beta = 0.041$，$p > 0.05$），结果表明关系制度不能调节供应商创新共享与创新绩效之间的关系，说明该中介作用的第二阶段未受到调节作用。

模型8为创新绩效对供应商创新性、关系制度、两者的交互项以及创新共享的回归结果。回归方程（6.22）在（6.20）式基础上引入供应商创新共享的中介作用，通过该模型验证关系制度在中介作用第一阶段所起的调节作用。根据检验结果，供应商创新共享回归系数为 0.488，即回归方程（6.22）中回归系数 b 通过显著性检验（$p < 0.01$）。基于以上分析，回归系数 a_3 和 b 均达到显著性水平，供应商创新性通过供应商创新共享影响创新绩效的间接效应前半路径受到关系制度的调节，假设 H5b 得到验证。

表 6-34　关系制度调节作用层次回归分析

	创新绩效			供应商创新共享			创新绩效	
	模型1	模型2	模型3	模型4	模型5	模型6	模型7	模型8
企业规模	0.007	-0.033	-0.031	0.023	0.005	-0.004	-0.011	-0.031
合作关系持续时	-0.061	-0.019	-0.033	0.045	0.064	0.046	-0.084	-0.039
技术波动	0.068	0.021	0.046	0.051	0.044	0.066	-0.046	-0.040
供应商创新性		0.574***	0.502***		0.272***	0.121*		0.118*
关系制度			0.194***			0.259***	0.287***	0.163***
供应商创新共享							0.226***	0.488***
供应商创新性 × 关系制度			0.023			0.339***		-0.017
供应商创新共享 × 关系制度							0.041	
R^2	0.158	0.471	0.504	0.039	0.109	0.250	0.350	0.514
调整后 R^2	0.150	0.464	0.494	0.029	0.097	0.236	0.337	0.503
ΔR^2	0.158	0.313	0.346	0.039	0.07	0.212	0.191	0.356
F	19.148***	180.828***	70.299***	4.099**	24.075***	28.549***	29.728***	55.314***

注：* 表示 $P<0.05$，** 表示 $P<0.01$，*** 表示 $P<0.001$

6.3.5　潜在吸收能力的调节作用

潜在吸收能力调节作用为中介作用第一阶段的调节作用，潜在吸收能力的调节作用回归方程为：

$$IP = c_0 + c_1 SI + c_2 PAC + c_3 PAC \times SI + e_1 \tag{6.24}$$

$$SIS = a_0 + a_1 SI + a_2 PAC + a_3 PAC \times SI + e_2 \tag{6.25}$$

$$IP = c_0' + c_1' SI + c_2' PAC + c_3' PAC \times SI + bSIS + e_3 \tag{6.26}$$

其中将（6.25）式代入（6.26）式，可得

$$IP = (c_0' + ba_0) + [c_1' + b(a_1 + a_3 PAC)]SI + (c_2' + ba_2)PAC + c_3'SI \times PAC + e$$
(6.27)

根据（6.27）式，供应商创新性经过供应商创新共享对创新绩效的中介效应为 $(a_1 + a_3 PAC)b$。

研究对各变量进行中心化处理，采用层次回归分析检验假设 H6a、H6b，表 6-35 为潜在吸收能力的层次回归分析结果。回归方程中（6.24）用于检验在不考虑中介作用的情况下，潜在吸收能力在供应商创新性与创新绩效之间的调节作用，通过模型 1~模型 3 检验。模型 3 分析结果显示供应商创新性与潜在吸收能力交互项的回归系数未通过显著性检验（$\beta = 0.063$，$p > 0.05$），潜在吸收能力不能调节供应商创新性对创新绩效的直接效应。回归方程式（6.25）检验潜在吸收能力在供应商创新性与供应商创新共享之间的调节作用，检验结果见表 6-35 的模型 4~模型 6。模型 6 为引入供应商创新性与潜在吸收能力的交互项的回归结果，结果表明交互项，即回归方程（6.25）中回归系数 a_3 通过显著性检验（$\beta = 0.476$，$p < 0.001$），表明潜在吸收能力正向调节供应商创新性对供应商创新共享的影响，假设 H6a 得到验证。模型 7 为引入供应商创新共享与潜在吸收能力交互项的回归结果，检验两者交互项对创新绩效的影响是否显著。结果表明两者的交互项回归系数不显著（$\beta = 0.028$，$p > 0.05$），潜在吸收能力不能调节供应商创新共享与创新绩效之间的关系，说明该中介作用的第二阶段未受到调节作用。

模型 8 为创新绩效对供应商创新性、潜在吸收能力、两者的交互项以及创新共享的回归结果。根据表 6-35 检验结果，供应商创新共享未通过显著性检验（$\beta = 0.078$，$p > 0.05$），表明回归系数 b 未通过显著性检验，依次检验结果表明供应商创新性通过供应商创新共享对创新绩效中介作用的第一阶段未受到潜在吸收能力的调节。研究进一步采用 Mplus7 软件并利用偏差校正非参数百分位 Bootstrap 法对回归系数乘积（$a_3 b$）的置信区间进行检验，并设置再次抽样次数为 2000，Mplus 程序类似于奖励权力程序，现不予赘述。根据检验结果可知，系数乘积 $a_3 b$ 的 95% 置信区间为 [-0.012，-0.006]，置信区间不包括 0，可以判断系数乘积显著不为 0，根据有调节的中介效应检验方法，潜在吸收能力对供应商创新共享中介作用第一阶段具有调节作用，假设 H6b 得到验证。

表 6-35　　潜在吸收能力调节作用层次回归分析

	创新绩效			供应商创新共享			创新绩效	
	模型1	模型2	模型3	模型4	模型5	模型6	模型7	模型8
企业规模	0.007	-0.033	-0.039	0.023	0.005	0.02	-0.021	-0.024
合作关系持续时	-0.061	-0.019	-0.055	0.045	0.064	0.037	-0.083	-0.036
技术波动	0.068	0.021	0.046	0.051	0.044	0.069	0.035	-0.030
供应商创新性		0.574***	0.466***		0.272***	0.196***		0.446***
潜在吸收能力			0.239***			0.186***	0.375***	0.264***
供应商创新共享							0.195***	0.078
供应商创新性×潜在吸收能力			0.063			0.476***		0.049
供应商创新共享×潜在吸收能力							0.028	
R^2	0.158	0.471	0.498	0.039	0.109	0.348	0.434	0.574
调整后 R^2	0.150	0.464	0.488	0.029	0.097	0.334	0.423	0.537
ΔR^2	0.158	0.313	0.351	0.039	0.07	0.299	0.276	0.389
F	19.148***	180.828***	66.059***	4.099**	24.075***	43.253***	49.201***	64.914***

注：* 表示 $P<0.05$，** 表示 $P<0.01$，*** 表示 $P<0.001$

6.3.6　实际吸收能力的调节作用

根据前文提出的第二阶段有调节的中介模型，研究提出实际吸收能力的调节作用回归方程为：

$$IP = c_0 + c_1 SI + c_2 RAC + c_3 RAC \times SI + e_1 \quad (6.28)$$

$$SIS = aSI + e_2 \quad (6.29)$$

$$IP = c'_0 + c'_1 SI + c'_2 RAC + c'_3 RAC \times SI + b_1 SIS + b_2 RAC \times SIS + e_3 \quad (6.30)$$

将（6.29）式代入（6.30）式，可得

$$IP = c'_0 + c'_1 SI + c'_2 RAC + c'_3 RAC \times SI + a(b_1 + b_2 RAC) SI + e \quad (6.31)$$

该式中供应商创新性通过供应商创新共享影响创新绩效的中介效应为 $a(b_1 +$

b_2RAC），第二阶段有调节的中介作用应采用依次检验方法分别检验 a 和 b_2 是否显著。

依据有调节的中介作用检验方法，先利用层次回归分析，采用依次检验判断回归系数 a 和 b_2 是否显著。研究对各变量进行中心化处理，检验假设 H6c、H6d，表 6-36 为实际吸收能力的层次回归分析结果。回归方程中 (6.28) 用于检验在不考虑中介作用的情况下，实际吸收能力在供应商创新性与创新绩效之间的调节作用，通过模型 1～模型 3 检验。模型 3 分析结果显示在未考虑中介变量的情况下，供应商创新性与实际吸收能力交互项的回归系数通过显著性检验（$\beta=0.092$，$p<0.05$），实际吸收能力能够调节供应商创新性对创新绩效的直接效应。回归方程式（6.29）检验供应商创新性与供应商创新共享的直接作用，检验结果见表 6-36 的模型 5 和模型 6。模型 6 为供应商创新共享对供应商创新性的回归，结果表明回归方程（6.29）中回归系数 a 通过显著性检验（$\beta=0.272$，$p<0.001$）。模型 4 为创新绩效对供应商创新性、实际吸收能力、供应商创新性与实际吸收能力的交互项以及供应商创新共享、供应商创新共享与实际吸收能力交互项的回归结果。检验结果显示，供应商创新共享与实际吸收能力交互项的回归系数显著（$\beta=0.141$，$p<0.01$）。假设 H6c 得到验证，并且该交互项为回归方程（6.30）中回归系数 b_2，表明回归系数 b_2 显著。根据第二阶段有调节的中介效应检验方法，在依次检验过程中，回归系数 a 和 b_2 均显著时，供应商创新性通过供应商创新共享影响创新绩效的中介作用是通过实际吸收能力为调节发生的，是第二阶段被调节的中介作用，假设 H6d 得到验证。实证分析结果表明，企业实际吸收能力同时调节直接路径和中介过程的后半路径。

表 6-36　　　　　实际吸收能力的调节作用层次回归分析

	创新绩效				供应商创新共享	
	模型 1	模型 2	模型 3	模型 4	模型 5	模型 6
企业规模	0.007	-0.033	-0.032	-0.046	0.023	0.005
合作关系持续时	-0.061	-0.019	-0.041	-0.055	0.045	0.064
技术波动	0.068	0.021	0.055	0.028	0.051	0.044
供应商创新性		0.574***	0.433***	0.381***		0.272***

续表

	创新绩效				供应商创新共享	
	模型1	模型2	模型3	模型4	模型5	模型6
实际吸收能力			0.311***	0.299***		
供应商创新共享				0.278***		
供应商创新性×实际吸收能力			0.092*	0.277***		
供应商创新共享×实际吸收能力				0.141**		
R^2	0.158	0.471	0.510	0.559	0.039	0.109
调整后R^2	0.150	0.464	0.500	0.546	0.029	0.097
ΔR^2	0.158	0.313	0.062	0.110	0.039	0.070
F	19.148***	180.828***	17.881***	17.540***	4.099**	24.075***

注：*表示$P<0.05$，**表示$P<0.01$，***表示$P<0.001$

6.4 本章小结

借助多元线性回归分析对研究假设进行检验，探索供应商创新性的利用机制，综合以上假设检验结果，对研究假设进行汇总，见表6-37所示。

表6-37　假设检验结果汇总

编号	研究假设	检验结果
H1	供应商创新性对供应商创新共享具有正向影响	支持
H2	供应商创新共享在供应商创新性和创新绩效之间起中介作用	支持
H3a	制造企业对供应商的关系专用性适应正向调节供应商创新性与供应商创新共享之间的关系，供应商对制造企业的关系专用性适应水平越高，供应商创新性与供应商创新共享之间的正向关系越强，反之越弱	支持
H3b	制造企业对供应商的关系专用性适应正向调节供应商创新共享在供应商创新性和创新绩效间的中介效应，制造企业对供应商的关系专用性适应越高，该正向的中介效应就越强，反之越弱	支持

续表

编号	研究假设	检验结果
H3c	供应商对制造企业的关系专用性适应正向调节供应商创新性与供应商创新共享之间的关系，供应商对制造企业的关系专用性适应水平越高，供应商创新性与供应商创新共享之间的正向关系越强，反之越弱	支持
H3d	供应商对制造企业的关系专用性适应正向调节供应商创新共享在供应商创新性和创新绩效的中介效应，供应商对制造企业的关系专用性适应越高，该正向的中介效应就越强，反之越弱	支持
H4a	奖励权力正向调节供应商创新性与供应商创新共享之间的关系，企业较多使用奖励权力，供应商创新性与供应商创新共享之间的正向关系越强，反之越弱	支持
H4b	奖励权力正向调节供应商创新共享对供应商创新性与创新绩效的中介效应，企业较多使用奖励权力，该正向的中介效应就越强，反之越弱	支持
H4c	强制权力负向调节供应商创新性与供应商创新共享之间的关系，企业较多使用强制权力，供应商创新性与供应商创新共享之间的正向关系越弱，反之越强	不支持
H4d	强制权力负向调节供应商创新共享对供应商创新性与创新绩效的中介效应，企业较多使用强制权力，该正向的中介效应就越弱，反之越强	不支持
H5a	关系制度正向调节供应商创新性与供应商创新共享之间的关系，关系制度水平越高，供应商创新性与供应商创新共享之间的正向关系越强，反之越弱	支持
H5b	关系制度正向调节供应商创新共享对供应商创新性与创新绩效的中介效应，关系制度越高，该正向的中介效应就越强，反之越弱	支持
H6a	潜在吸收能力正向调节供应商创新性与供应商创新共享之间的关系，潜在吸收能力水平越高，供应商创新性与供应商创新共享之间的正向关系越强，反之越弱	支持
H6b	潜在吸收能力正向调节供应商创新共享对供应商创新性与创新绩效的中介效应，潜在吸收能力水平越高，该正向的中介效应就越强，反之越弱	支持
H6c	实际吸收能力正向调节供应商创新共享与创新绩效之间的关系，实际吸收能力水平越高，供应商创新共享与创新绩效之间的正向关系越强，反之越弱	支持
H6d	实际吸收能力对供应商创新性通过供应商创新共享影响创新绩效的中介效应具有调节效应，当实际吸收能力较高时，供应商创新共享在供应商创新性与创新绩效间的中介效应越高，反之越弱	支持

（1）实证研究结果表明，供应商创新性积极影响供应商创新共享，供应商创新共享在供应商创新性与创新绩效之间起中介作用。供应商创新性较高

的供应商具有先进的知识和技术，期望与制造企业合作将其知识、技术和产品通过提供原材料、组件和解决方案等，在与企业合作过程中得到良好运用，将所提供先进技术的优势最大程度发挥，提高与企业的合作关系和最终产品的竞争力。在先进技术和积极寻求合作的动力之下，供应商良好的关系协同能力能够保证供应商在合作过程中与企业进行良好地协调和沟通，加之企业对获取供应商创新性的渴望，从而能够激励供应商创新共享。供应商创新性是供应商有利于企业产品和工艺创新的特性，具有高创新性的供应商并不一定能将其先进知识和技术为企业所用，供应商创新性在企业创新中得到发挥并持续促进企业创新需要的重要条件是供应商创新共享。供应商创新共享强调供应商将自身先进知识、技术以及能力通过共享行为与企业积极互动实现双方知识的整合，成为供应商创新性提升企业创新绩效的重要传递方式，通过供应商创新共享，制造企业有机会接触供应商知识并与供应商交流互动掌握所需知识，对企业创新能力的提高具有重要影响，供应商创新共享起到维持供应商创新性提升企业创新绩效的作用。

（2）制造企业与供应商的相互关系专用性适应正向调节供应商创新性与供应商创新共享的关系，进而提升企业创新绩效，在高的制造企业关系专用性适应和供应商关系专用性适应下，供应商创新性对供应商创新共享的影响更加显著，从而增强企业创新绩效。企业期望供应商能够持续进行创新共享的同时，首先应做到对双方合作创新的投资和支持。制造企业高的关系专用性适应体现其对合作创新的投入和协作，能让供应商感受到企业对合作创新的重视，在创新过程中供应商所提到的建议和要求能够得到企业的及时响应和配合，为供应商提供了良好的合作环境，使得供应商创新性的作用能够得到重视和发挥，从而激励供应商的创新共享行为，企业获得供应商的先进知识和技术并将其用于新产品和工艺中，有助于创新绩效提高。此外，在供应商参与企业创新过程中，供应商的关系专用性适应体现供应商对合作创新的承诺和支持。在高供应商关系专用性适应下，供应商创新性对供应商创新共享的作用亦更加显著。供应商在产品规格、机器设备和人员等方面的适应和投入能够使供应商创新性更适用于企业创新，从而加强供应商创新共享的效率，有利于企业供应商创新性的利用，促进企业产品和工艺创新绩效。现有研究多单独探讨供应商关系专用性适应或者制造商关系专用性适应，较少研究关注制造商—供应商相互关系专用性适应，研究同时探讨两者对企业供应商创新性利用的作用体现双方在合作创新中的共同努力和相互承诺，共同促进供应商创新性的有效利用。

（3）制造企业奖励权力正向调节供应商创新性与供应商创新共享之间的关系，进而提升企业创新绩效。企业高的奖励权力能够增强供应商创新性对供应商创新共享之间的积极关系，并进一步提高企业创新绩效。企业对供应商在参与创新过程中积极合作、提供先进知识和技术的行为以及完成企业创新要求等提供回报，例如更多的零部件采购、长期合作承诺和提供供应商所需的知识和信息等，对供应商具有强吸引力，激励供应商不断创新，提高供应商的合作意愿，使供应商积极为制造企业产品和工艺创新提供更多的新知识，从而促进供应商创新共享，对企业创新绩效的提高具有重要作用。此外，尽管许多研究都探讨过强制权力的消极影响，研究实证结果表明强制权力对减弱供应商创新性对企业创新共享的积极作用并不显著，即高的企业强制权力并未减弱供应商创新性对供应商共享的促进作用。通过对文献进行梳理，得出该结论的原因可能是与西方国家相比，在中国情境下高的权力距离文化使得组织对权力的不平等的接受程度较高（Liu 等，2015；Ramaseshan 等，2006）。并且在注重人情和互惠的环境下，制造企业在获取供应商先进知识和技术的同时，也会为供应商提供所期望的利益，在供应商参与制造企业创新过程中，制造企业作为主导企业，在合作创新过程中施加权力的同时为供应商提供收益，供应商对所获得的收益进行衡量，若超过预期关系投资成本，双方关系仍是可容忍的（Cowan 等，2015），制造企业对供应商的强制权力在某种程度上能够被供应商接受。企业强制权力对供应商创新性的利用的影响还有待后续深入探索。

（4）关系制度正向调节供应商创新性与供应商创新共享之间的关系，进而提升企业创新绩效。在我国制造企业与供应商合作中，关系在合作双方中普遍存在并认可，高的关系制度在约束企业和供应商行为的同时，也提供了优待和保障。在高关系制度环境下，企业和供应商任一方遇到困难都会得到对方的积极协助，并在对方未来需要帮助的时候能够给予帮助并且不要求马上回报。供应商的先进技术是其竞争优势的关键，但是在合作创新中，当制造企业需要时，供应商会认为将自身先进知识和技术用于企业产品和工艺创新中，会在将来得到企业的回报，供应商会积极提供并努力解释所提供的知识帮助企业理解和学习，使供应商创新性在企业创新中能够得到更有效的发挥，不断通过与企业的创新共享实现双方互动和知识交流，进而促进企业创新能力和创新绩效提升，有利于供应商创新性的有效利用。作为具有中国特色的治理方式，关系制度在供应商创新性利用中具有重要作用，丰富了中国情境下供应商参与企业创新相关研究。

（5）制造企业潜在吸收能力正向调节供应商创新性与供应商创新共享之间的关系，进而提升企业创新绩效。在企业高的潜在吸收能力下，供应商创新性对供应商创新共享的影响更加显著，有助于企业创新绩效的提升。企业产品和工艺创新过程中，所需要的外部知识往往对企业比较陌生，在面对供应商的先进技术时，制造企业的高认知和理解能力是利用供应商知识的重要基础，为供应商创新性的利用做好充分准备，减少了沟通障碍，使双方顺利沟通和交流。并且企业能够识别供应商所拥有对其有价值的先进知识，并在与供应商互动过程中能够快速理解新领域的知识，减少供应商额外对所提供知识和技术的解释工作，促进供应商创新共享的意愿和效率，对企业获取供应商创新性提高企业创新绩效具有重要作用。

（6）制造企业实际吸收能力正向调节供应商创新性通过供应商创新共享影响创新绩效的间接效应。当制造企业吸收能力高时，供应商创新性通过供应商创新共享对企业创新绩效的影响作用越显著。企业获得供应商的知识是创新能力和创新绩效提升的基础，但是并不一定能够保证该新知识能够被有效利用。企业高的实际吸收能力意味着其有能力将所获得的知识转化为自身产品和工艺所需的知识，并能够与企业现有知识结合，精炼、拓展并应用于产品设计和开发中，使供应商创新共享的成果得到有效利用。实际吸收能力低的企业普遍缺乏知识的转化应用能力，辜负供应商所共享的新知识和技术，企业创新绩效得不到有效提高。

第 7 章 研究结论与展望

通过前文对供应商创新性构念和供应商创新性利用机制的理论梳理和实证检验，研究提出供应商创新性构念组成维度和关系专用性适应、权力、关系制度以及吸收能力对企业有效利用供应商创新性的作用。本章将总结前文研究成果，阐述所得出的主要结论，总结研究的理论贡献和管理建议，阐述研究的创新点，并在此基础上提出研究的局限和未来研究方向。

7.1 本书的主要研究结论

在制造企业面临的开放式创新背景下，企业将供应商看作是重要的外部知识源，选择正确的供应商对企业至关重要，除成本、质量等直接价值外，企业更注重创新型供应商所拥有的外部市场信息、创新资源、能力等方面为其运营带来间接价值，供应商先进知识和技术对企业创新能力的提升至关重要。供应商在与企业长期合作过程中所作出的贡献是企业关注的重点，在认识供应商创新性基础上，能够有效利用供应商创新性是企业创新成功的关键。

研究以中国制造企业为对象，在组织创新性相关研究基础上，借鉴关系观探索了供应商创新性构念的组成维度，进一步借助关系观理论框架，探讨了供应商创新共享在供应商创新性与创新绩效之间的中介作用，以及制造企业与供应商相互关系专用性适应、企业的奖励权力和强制权力、关系制度、潜在吸收能力和实际吸收能力对该中介作用的调节作用。研究首先梳理组织创新性相关研究，分析组织创新所需具备的创新特性，同时借鉴关系观研究视角，将制造商—供应商二元关系作为分析单元，采用扎根理论研究方法，通过深度访谈收集数据并对数据进行编码，提出供应商创新性构念初步组成维度和测量量表，进一步采用因子分析、信度效度检验确定最终供应商创新性组成维度和测量量表；随后在供应商创新性构念分析和测量量表基础上，通过对我国制造企业的大样本问卷调查，提出供应商创新性利用机制理论模型，借鉴中介作用和有调节的中介作用模型分析和检验方法，验证理论模型和研究假设，并进一步分析和讨论研究结果。研究通过理论分析和实证检验，得到以下结论：

（1）供应商创新性在供应商参与企业创新过程中受到制造企业广泛关注，该构念包含技术能力、创新欲求、资源共享意愿和关系协同能力四个维度，表明供应商创新特性不仅包含供应商自身创新能力和对不断创新的自我要求，还包括与企业合作中体现的愿为企业提供创新和积极协调合作的创新特质。其中，技术能力指供应商具有吸引制造企业的先进知识和技术，包括产品服务创新能力和工艺创新能力，体现供应商有助于企业创新的技术能力；创新欲求表明制造企业看重供应商不断创新的自我提升精神，供应商应该具有对新知识、新思想包容和接纳的态度，能够主动对外界变化作出快速响应，并且应该具备探索精神，不惧怕伴随创新而来的不确定性，能够勇于打破陈规不断求新探索。此外，在如今快速技术更新换代环境下，供应商还应对市场和商业机会具有敏锐的捕捉能力，先于竞争对手作出创新才能保证新思想和新知识快速转化为新产品，取得竞争优势；资源共享意愿表明供应商愿意将自身核心技术用于企业产品和工艺创新中，具体而言，供应商愿意为企业创新提供领先的知识和技术资源，是企业成功进行创新的前提，供应商的合作创新态度决定其与企业合作程度，是企业创新过程中需要考虑的重要方面；关系协同能力是供应商与制造企业以及企业其他合作伙伴关系的协调和适应，体现供应商在与企业合作中对所牵涉关系的协同，供应商能够与合作伙伴进行良好的沟通，有效处理遇到的问题，对零部件质量和零部件之间衔接具有重要作用。基于此，研究通过探索性因子分析和验证性因子分析，验证供应商创新性二阶四因子结构能更好拟合实际数据，供应商创新性测量量表具有良好的信度和效度，能够帮助企业评价并管理供应商。

（2）供应商创新性对供应商创新共享具有正向影响，进而影响企业创新绩效，供应商创新共享维持供应商创新性对创新绩效的作用。高的供应商创新性体现供应商具有先进技术和能力并愿意与企业合作将资源用于其创新中，该能力和合作态度即为双方合作提供前提和保障，加之供应商期望自身技术和能力进一步提升并在最终产品中充分展现出优势，使供应商在合作中能够积极与企业进行创新共享。此外，虽然供应商参与企业创新对创新绩效存在正向影响，但同时由于开发成本和协调时间，供应商参与企业创新常常以失败告终，得不到预期的创新成果。制造企业仅认识到供应商具备先进技术和能力远远不够，需要供应商将企业所需先进知识和资源等充分共享出来，为企业认识供应商知识并与供应商互动提供机会。我国自主创新能力相对较弱的现实情况下，只有将企业和供应商的先进知识和技术相结合，共同进行产品和工艺创新，才能得到单个组织无法实现的成果。供应商创新性若不能被供应商共享出来，便不能展现出在企业创新中的价值。供应商创新共享帮助企业有机会接近供应商的技术和能力，进而对企业创新绩效具有正向影响，供应商创新共享在供应商创新性与创新绩效之间起中介作用。

（3）制造企业和供应商的相互关系专用性适应、奖励权力、关系制度、潜在吸收能力和实际吸收能力对供应商创新共享的中介作用具有正向调节作用，该调节作用实际上通过增强供应商创新共享的中介作用，促进供应商创新性能够被企业有效利用，进而提高企业创新。具体而言，制造企业关系专用性适应为企业和供应商合作创新提供支持和保障，能够促进双方沟通和协调，同时在合作中与供应商分享先进知识、资源和设备，能够促进供应商创新性和供应商创新共享之间的关系，制造企业关系专用性适应越强，该被调节的中介作用越显著；供应商的关系专用性适应体现供应商为企业合作的承诺，愿意改变自身产品、工艺、设备和人力配置等配合企业产品创新，支持企业产品创新过程，对供应商创新性和供应商创新共享之间的关系具有正向调节作用，供应商关系专用性适应越高，该被调节的中介作用越显著。

企业对供应商所做贡献提供奖励能够激发供应商的创新热情，使供应商认为为企业的付出能够得到期望的回报。相比没有任何奖励，供应商更愿意付出自身先进知识和技术与企业合作进行产品创新，与企业合作的同时也是难得的相互学习机会，供应商创新共享就越能够深入展开，对企业创新绩效具有更强促进作用。企业对供应商的奖励权力能够促进供应商创新性对供应商创新共享的作用，企业奖励权力越高，该被调节的中介作用越显著。

关系是中国情境下特定的文化和社会要素，组织通过人际间的关系进行恩惠的交互，关系能够主导组织间的商业活动，组织间通过关系制度这一治理关系的规则和规范，指引和约束组织活动。人情、感情和信任在中国社会人际和组织间互动中非常被看重，具体体现在相互协助、互惠、同情和讲信用方面。关系制度高的环境下，制造企业和供应商合作创新过程中，双方在对方需要时提供帮助，得到帮助一方能够在对方需要时提供回报。供应商认为企业能够在未来予以回报并讲信用，愿意为企业提供所需新产品和技术，并努力为企业介绍并解释所提供的知识和技术，供应商创新性更易转化为企业所需的知识和技术被共享出来，进而促进企业创新绩效的提升，关系制度越高，该被调节的中介作用越显著。

供应商创新性为企业创新提供了重要的知识和技术，而对该知识的有效利用还取决于企业对知识的吸收能力。高潜在吸收能力的企业能够识别供应商拥有的对自身有用的知识，并在互动中对该知识进行解释、翻译和重新表述，供应商创新性能够得到有效识别和认识。同时企业对供应商先进知识具有较高理解能力，供应商创新性利用过程中能够提高与供应商沟通的效率和效果，帮助供应商更有效共享企业创新所需知识，进而促进企业获取供应商的知识，有助于提高企业创新绩效。潜在吸收能力调节供应商创新性与供应商创新共享之间的关系，企业潜在吸收能力越高，该被调节的中介作用越显著。实际吸收能力体现企业能将所获得的新知识和新技术转化为适用于自身创新的知识和技术，将双方知识有效结合，将其用于产品和工艺创新中，是企业实现创新的重要环节，实际吸收能力较弱将造成所获取的供应商知识浪费，增加了创新时间和成本，即使拥有较高潜在吸收能力仍无法实现创新，实际吸收能力是实现供应商创新性有效利用的重点，对供应商创新性通过创新共享影响创新绩效的中介效应具有正向的调节效应。

7.2 本书的理论贡献与实践启示

7.2.1 理论贡献

1. 供应商创新性构念

研究对供应商创新性构念进行理论探索，所做贡献主要体现在以下两个方面：第一，研究整合了组织创新性理论和关系观，深化了供应商创新性的内涵，填补了供应商创新性内涵中将供应商内部特性和供应商与企业合作过程中体现出的创新特性两者的分离。研究通过深度访谈和扎根理论方法，从经验资料入手深入分析供应商创新性构念的内涵和组成维度，结果显示供应商创新性是多维度构念，包含技术能力、创新欲求、资源共享意愿和关系协同能力4个维度，弥补以往研究将供应商创新性看作单维构念的不足。与组织创新性相比，供应商创新性不仅体现在供应商具有制造企业所需的先进技术（技术能力）和内在对于创新的不断追求和渴望（创新欲求）上，还体现在供应商与企业合作过程中乐于分享知识并主动将自己先进技术用于制造企业产品、工艺等的积极态度（资源共享意愿），以及供应商与制造企业、制造企业其他供应商关系的协调和适应（关系协同能力）两个方面，供应商创新性多维度结构亦能够更准确阐释制造商—供应商合作关系中供应商能为企业创新所做具体贡献。

第二，在探讨供应商创新性内涵和维度的基础上，研究开发出供应商创新性测量量表，促进供应商创新性相关研究的深入发展。现有研究对供应商创新性的测量均借鉴组织创新性相关研究，且均被视为单维构念展开测量。鉴于此，研究基于扎根理论分析提出的供应商创新性访谈条目，编制初始量表，严格选取创新程度高的行业中制造企业发放调查问卷，通过预调研、探索性因子分析、验证性因子分析以及量表信度和效度检验，修正和完善测量题项，实证结果表明供应商创新性二阶4因子模型与实际数据拟合良好，构建的由4维度40个题项组成的供应商创新性测量量表具有良好的信度和效度，为供应商创新性研究进一步展开提供有效的测量工具，同时也为扎根理论分析结论提供佐证，对企业评价并管理供应商创新性提供借鉴，具有重要的实践意义。

2. 供应商创新性利用机制

研究借助社会交互理论和关系观探索供应商创新性的利用机制，所做出理论贡献主要体现在三个方面：

首先，研究提出了供应商创新性利用机制理论模型，发展了供应商参与企业新产品开发相关研究。以往供应商参与创新相关研究关注供应商知识和技术对企业创新的重要性、如何管理供应商参与创新过程以及供应商参与新产品开发关键成功因素等。而研究针对供应商创新性对企业创新绩效影响的矛盾结果，现有研究开始转向关注供应商创新性的产生过程，认为其能够显著影响企业创新，但是如何有效利用供应商创新性仍未受到充分关注，缺少相应的理论分析和实证检验。研究在现有供应商创新性相关研究基础上，证实供应商创新性能够显著影响企业创新绩效的同时，着重探讨供应商创新性的利用机制，展现出供应商创新性的价值产生过程，为探讨供应商创新性的效果和供应商创新性相关研究奠定理论基础。此外，研究借助关系观将制造商—供应商二元关系作为分析单元，关系观作为有效的分析工具，将企业和供应商看作知识创造的整体，通过关系租金的决定因素阐释供应商创新性和企业创新绩效之间的关系及供应商创新性如何通过企业和供应商的共同努力被有效利用。

其次，以往研究认为供应商参与企业创新对企业创新绩效的影响存在矛盾结果的原因在于发觉供应商参与会提高产品开发成本和所投入时间，深入体现为供应商先进知识和技术未能被高效用于企业创新中，基于此本研究通过供应商创新共享对供应商创新性与企业创新绩效之间的内部作用机制展开探索，丰富了供应商创新性、供应商创新共享以及创新绩效之间的关系。研究结果表明供应商创新性所体现的供应商技术能力、不断追求创新的倾向、愿意将新知识和技术用于制造企业的意愿以及良好的沟通适应能力方面特性对供应商创新共享产生积极影响，使供应商认识到自身有助于企业创新的知识、技术和产品对企业最终产品的重要作用并能够将其共享于企业产品和工艺创新中，被制造企业认识并获取，用于新产品和工艺的创新中，从而促进企业创新绩效的提高。供应商只有将先进知识和技术有效共享出来之后，供应商创新性的贡献才能在供应商参与过程中有效发挥，供应商创新性对企业创新绩效的积极作用才能够得到维持。

最后，研究提出有调节的中介作用模型对供应商创新共享在供应商创新性与创新绩效之间中介作用如何增强展开深入探讨，一定程度上解释了供应商参与创新对企业创新绩效影响的不一致结论。研究基于关系观中关系租金决定因素分析框架，探讨了制造企业与供应商的相互关系专用性适应、奖励权力、关系制度和潜在吸收能力对供应商创新共享在供应商创新性与创新绩效之间中介作用第一阶段的调节作用，以及实际吸收能力对该中介作用第二阶段的调节作用。当制造企业与供应商的相互关系专用性适应、奖励权力、强制权力、关系制度、潜在吸收能力和实际吸收能力较高时，供应商创新共享对供应商创新性与创新绩效之间的中介作用显著，而这些方面处于较低水平时，该中介作用不显著。以上调节变量的调节效应增强了供应商创新共享的中介效应，加强了供应商创新性提升企业创新绩效的内部作用，对供应商创新性的利用具有重要的促进作用，研究结论对丰富整合供应商创新性相关研究具有重要意义。

7.2.2　实践启示

研究针对我国制造企业期望借助外部供应商知识提高自身产品和工艺创新的目的，探索企业对供应商创新性的有效利用，具体研究供应商创新性的内涵和该构念的组成维度，以及供应商创新性的利用机制。伴随开放式创新的逐渐深入，企业创新逐渐打开边界向上游供应商寻求帮助，关键供应商的先进知识和技术对企业创新具有重要作用。对供应商创新性利用机制的研究有助于企业高效获取供应商先进知识和技术并用于企业创新中，实现企业创新绩效的提升。为提高研究成果对制造企业创新的实践指导作用，结合供应商创新性构念和供应商创新性利用机制的研究结论，提出研究的管理启示。

（1）制造企业与供应商合作创新时需分析供应商创新性以对供应商进行评价并管理。在我国企业自主创新能力较弱的背景下，企业更应该借助供应商的先进知识和技术，将双方先进知识和相关能力进行整合以获取竞争优势，实现双赢，做到这些必须首先认识在合作创新中供应商具备哪些特性有助于企业进行创新。制造企业与供应商合作创新之前必须明确供应商是否能够在创新中胜任，选择合适的供应商不仅能够减少沟通协调的时间，降低相关开发成本，更能为企业创新提供所需知识和技术，成为企业创新的基础和支撑。企业对创新供应商的认识也不能仅停留在质量和开发成本上，而应更加关注供应商的创新性。对于制造企业而言，供应商创新性对于企业产品性能、工艺流程改进、质量提升和成本降低等方面都具有重要影响，企业在注重供应商技术能力和创新追求的同时，还应该拓展思路，考察供应商能否将其先进技术用于企业中最大化实现该技术的价值，并在此过程中能否做到与企业及企业其他核心供应商之间关系的协调和适应，这将对企业评价创新型供应商具有重要指导。

（2）制造企业与供应商合作进行创新时，加强对供应商创新共享的关注。供应商创新性是供应商有助于企业创新的重要特性，对企业创新绩效的促进作用需要通过供应商创新共享实现。我国制造企业供应商参与新产品开发的程度和成功率较低，对供应商参与时机的选择仍比较保守，且不够重视双方的长期战略管理。在该情况下，制造企业与供应商建立长期合作伙伴关系，不断从供应商处获得先进的知识进行创新，需要通过供应商创新共享，维持供应商创新性对企业创新绩效的重要作用。研究结果表明，只有在加强供应商创新共享，供应商先进的知识、技术及卓越的能力被共享于合作创新中，才有可能被制造企业认识并获取，从而提升制造企业创新绩效。制造企业领导者应不断激励供应商创新共享行为，建立促进供应商创新共享的制度，减少双方沟通障碍，营造开放的沟通和合作氛围。

（3）提升制造企业和供应商的相互关系专用性适应以加强对供应商创新性利用的支持。制造企业与供应商合作创新需要制造企业快速响应供应商的创新建议和合作创新所需要的技术、工艺和设备等方面的要求，为供应商知识交流和技术应用提供支持和保障。同时企业也应重视并鼓励供应商在合作中为企业创新所作出的在产品、工艺流程、生产计划和交货等方面的适应行为，为企业创新改变资源配置，是企业看到供应商在合作创新中的投入和承诺，防止知识溢出，加强供应商创新知识和技术能够快速有效共享于制造企业产品和工艺创新，从而提升企业创新绩效。

（4）提高对供应商参与创新的奖励力度以提高供应商的创新主动性。企业期望获得供应商知识和技术的同时，应采取适当的奖励机制。在激烈的竞争环境中，创新是企业长期战略目标，与供应商长期合作得到供应商知识和技术支持是合作创新的重点。企业对供应商的奖励使供应商参与企业创新的积极性增强，不仅促使供应商不断进行自身技术能力的积累和提升，还能加强供应商对长期合作创新的信心，促使供应商付出更多努力使供应商创新性被有效共享，从而能将双方新知识高效整合，不仅促进企业创新绩效的提高，还能使供应商创新性的价值得到有效体现，进一步促进供应商更好地参与进企业创新过程中。

(5) 有效运用与供应商间的社会关系,通过沟通和交流促进合作双方的相互协助。如今制造企业和供应商之间的关系已经由简单的交易关系向合作伙伴关系演化,依据嵌入性理论,组织之间的经济活动嵌入在其社会关系网络中,组织所拥有的社会关系及社会结构能够影响其决策,有利于组织间知识和资源的传播。关系是中国情境下特定的文化和社会要素,组织可以借助人际间关系进行恩惠的交互。企业应善于运用通过个人或商业联系建立起的关系,通过关系制度对关系作出互惠交换进行的指引和约束,指导企业和供应商的合作活动。研究结果表明关系制度水平较高时,供应商能够主动为企业提供帮助并努力以企业能够理解的方式阐释自身先进知识和技术,供应商创新性能够被供应商积极共享于制造企业产品和工艺创新中,从而提高制造企业的创新绩效。

(6) 提高企业内部吸收能力以促进对外部知识的有效利用。企业利用供应商知识的过程,是不断对知识进行获取、吸收和最终应用于自身创新的过程。对于供应商的知识和技术,企业应首先做到识别哪些是自身创新所需,并与供应商沟通使其能够了解企业需求。在此基础上能够对所识别的知识进行分析、处理和解释,这些都需要企业具备较高的潜在吸收能力。在创新过程中企业应提高潜在吸收能力,促使供应商创新性能够被快速有效地在合作过程中共享,从而有助于创新绩效的提升。此外,企业应明确具备潜在吸收能力并不一定能够保证供应商先进的知识和技术有效用于企业中最终提升企业创新绩效,还应将所获取和理解的知识进行转化,将新知识和新技术转化为适用于企业的知识和技术,并在此基础上能够将其有效应用生产新产品和开发新工艺,这就需要供应商具备较高的实际吸收能力,保证所获取知识在创新过程中最终有效应用到企业创新中,提高企业创新绩效,企业应在创新过程中注重自身潜在吸收能力和实际吸收能力的提升。

7.3 本书的创新点

第一,拓展了供应商创新性构念研究的理论视角,提炼了供应商创新性构念维度划分。以往供应商创新性研究仅借助组织创新性相关研究成果,大多阐述供应商自身具备的创新特性。而研究基于组织创新性理论和关系观，阐述供应商创新性能够从独立供应商角度和制造商—供应商关系两个角度揭示，不仅关注供应商自身的创新特性，还应强调在供应商参与制造企业合作中所能做出的贡献。

第二，理论分析供应商创新共享的中介作用，打开了供应商创新性影响制造企业创新绩效的中间机制，揭示了供应商创新性利用过程的理论"黑箱"。已有研究仅关注供应商创新性对制造企业创新绩效的直接作用，仅关注供应商创新性能否作为外部创新来源以利于制造企业创新绩效提升，未阐释供应商创新性提升创新绩效的中间作用机制。供应商创新性是供应商所具备的有助于企业创新的重要特性，并不一定直接能被企业利用。研究认为供应商创新性能够提升企业创新绩效的重要原因是供应商通过与企业交互为企业真实提供了企业所需的先进知识和技术，供应商创新性部分通过影响供应商创新共享促进企业创新绩效提升。研究为解释供应商创新性与企业创新绩效之间关系的内部作用机制提供了重要思路和有益补充。

第三，借助关系观的分析视角和关系租金决定因素分析框架，实证检验了制造商与供应商的相互关系专用性适应、权力、关系制度和吸收能力的调节作用，丰富和发展了供应商创新性的利用机制。制造商与供应商相互关系专用性适应拓展了以往仅关注制造商或供应商单方面关系专用性适应对企业运营的价值，体现双方相互对于关系强度和持续时间上可信赖的承诺和对合作创新的共同支持；研究结合中国情境供应商参与企业创新实践，探索奖励权力和强制权力及媒介权力组合对供应商创新性利用的影响作用，并从关系制度这一治理方式入手证实其能够促进制造企业有效利用供应商创新性，揭示中国情境下供应商创新性利用表现的独特性，为供应商创新性利用的本土化研究提供新思路；此外，研究区别于以往供应商创新性利用研究将吸收能力看作整体，而从潜在吸收能力和实际吸收能力两方面分别探索其对中介作用前、后路径的调节，提供分析企业对供应商创新的有效利用的更细致角度并体现出对该机制的深入挖掘。以上变量的调节作用增强供应商创新共享在供应商创新性与创新绩效间的中介效应，是对供应商创新性利用相关研究的重要补充。

第四，采用有调节的中介效应考察了供应商创新性利用机制。运用有调节的中介效应探索供应商创新性与企业创新绩效之间的作用机制，相较于以往供应商创新性单一引入调节变量的研究方法，通过分析供应商创新共享中介作用前、后路径的调节作用，能够更深入和全面地通过中介变量及调节变量综合探讨供应商创新性的利用机制。供应商创新性的有效利用需要双方行动和内部能力的支持和保障，如果制造企业与供应商相互关系专用性适应等方面能够有效促进双方互动保证供应商将新知识和新技术有效共享并被制造企业吸收，供应商创新性对企业创新绩效的影响作用将更加显著。这种有调节的中介效应为供应商创新性的有效利用提供更深入的保证。

7.4 供应商创新性的未来研究方向

研究在已有供应商创新性研究基础上，基于组织创新性和关系观探索供应商创新性的组成维度，借鉴关系观的关系租金决定因素探索供应商创新性利用机制，得到的一些研究结论为供应商创新性提供一定的理论借鉴，也为制造企业提出了相关的实践启示。但由于研究条件限制，研究仍存在一些不足之处，现对不足之处加以总结，以促进今后进行更深入探索。研究不足之处主要表现在以下三个方面：①研究探索了供应商创新性构念的组成维度，但是由于抽样条件限制，研究深入访谈的样本较小，并且访谈所收集数据会带有的主观性也不可避免。供应商创新性的内容和语境仍需要更深入的分析，才能更好地阐释供应商创新性的内涵。研究成果能否在更广泛的制造企业中进行推广，仍需要进一步验证。②研究仅从供应商创新共享方面探索供应商创新性对创新绩效的内在作用机制，但实践中供应商创新性对企业创新绩效的路径是多种的，本研究只是打开供应商创新性对企业创新绩效作用机制"黑箱"的一小步。深入分析制造企业利用供应商创新性的过程和双方合作创新活动，对进一步分析如何利用供应商创新性提高制造企业创新绩效的研究仍需深入探索。③研究采用截面数据对供应商创新性的利用机制进行探索，在一定程度上影响研究的因果分析和利用机制的推论效果，如何收集纵向数据加强研究结论的可靠性和解释力得到更严谨的结论仍需进一步探索。

供应商创新性相关研究近年来逐渐受到学术界关注，供应商创新性研究领域还存在许多有价值的研究问题有待进一步研究，现提出三点未来研究方向，为进一步展开供应商创新性研究提供思路。①供应商创新性构念的量表的完善随着实践的进步和研究方法的发展是长期持续的过程，需要进行深入探讨和扎根企业实践对量表进行不断完善，后续研究可以在对该构念充分理解的基础上，从更多视角、拓展更多的样本深入挖掘供应商创新性构念的特性，对该构念进行深入探讨。②研究借助关系观，以制造商—供应商二元关系作为分析单元，对供应商创新性的利用机制展开探索。制造企业对供应商的管理已经从最初的采购/供应商组合管理到供应商关系管理，发展到如今供应商网络管理，企业对供应商网络中关键供应商的管理涵盖更广泛的网络关系和更多样的网络结构，对网络成员间知识转移和互动具有重要影响。未来可以从供应商网络角度出发，探索制造企业如何利用供应商创新性。③研究证实供应商创新性对企业创新具有重要作用，供应商创新性的提高为企业从供应商处获取先进的知识和技术提供基础。促进供应商创新性的提高也是未来研究关注的重点，制造企业可以从供应商的组成维度出发探索如何促进供应商创新性的形成，帮助企业获得更多所需要的供应商知识和技术。

附录1 访谈提纲

供应商创新性构念研究的企业访谈提纲

基于组织创新性理论和关系观,对供应商创新性的内涵展开探索。供应商创新性在内涵和结构上尚没有统一结论,国外学者对供应商创新性的研究针对不同背景得出相关结论。对于我国制造企业,仍需结合我国实际情况,通过深入访谈探讨供应商创新性的内涵。研究针对供应商参与企业创新情境下供应商所体现的创新特性进行深入访谈,在访谈之前先为受访者介绍研究背景以使受访者了解该项研究,以避免双方因误解而导致的访谈结果偏差。对企业的深入访谈期望了解我国制造企业中供应商参与创新的实际情况,准确掌握供应商创新性的内涵。

(1)请简要介绍贵公司的基本情况:
①贵公司于何时成立?
②贵公司主要经营业务包括哪些?请简要介绍业务规模。
③贵公司员工数量有多少?
④贵公司近3年技术水平和产品开发在行业中的水平是怎么样的?
⑤贵公司近3年新产品销售情况是怎么样的?
(2)请您根据贵公司的实际情况回答我们下面一些问题:
①贵公司在产品和工艺创新过程中,是否关注与供应商的合作?请您描述与供应商合作创新从什么时候开始的,有过怎样的合作经历?请描述具体的合作事项。
②请问您认为能帮助贵公司创新的供应商与贵公司的关系是怎样的?这些供应商具有什么特征?
③请问贵公司与供应商合作进行产品和工艺创新的时候,希望供应商的哪些行为和活动帮助企业进行创新?

④在合作创新过程中供应商具备的有利于我公司创新的特征都有哪些？

⑤请问贵公司在与供应商合作进行产品和工艺创新时，期望供应商能为企业做出哪些贡献，主要体现在哪些方面？

⑥请问贵公司在与供应商合作创新过程中，需多个供应商合作时企业期望供应商怎样促进创新实施？主要表现在哪些方面？

附录 2　调查问卷

供应商创新性利用机制调查问卷

尊敬的先生/女士：

　　您好！首先，对您能牺牲自己的宝贵时间帮助我们填写本调查问卷致以深深的感谢！

　　本问卷旨在调查供应商创新性的利用机制，旨在探索供应商创新性如何被有效利用进而影响企业创新绩效，哪些行为能够促进该活动有效实施。请仔细阅读问卷中的所有题项，结合您在企业操作实践中的工作经验，以及行业实际情况，依据您对各题项的赞同程度，在问卷中选择相应的选项；如果是电子稿作答，请直接将对应选项涂红即可。

　　郑重承诺，本问卷调查采取匿名方式，最终获取的调查数据和企业相关资料仅用于论文学术研究，不涉及任何商业用途，绝对保密，请您放心、客观作答。再次真诚感谢您的知识与配合！

联系人：
邮箱：

第一部分：背景资料

　　此部分是关于您个人以及您所在企业、行业情况的描述，请根据实际情况做出选择。

　　您所在的企业名称：企业所在地：

　　1. 工作职务：A. 部门经理　B. 产品研发人员　C. 供应商管理人员　D. 生产工艺人员　E. 物料采购人员　F. 项目经理

　　2. 企业性质：A. 国有控股　B. 股份制　C. 民营　D. 外商独资　E. 中外合资　F. 其他（请注明　　　　　　）

3. 行业类型：

A. 通用设备制造（金属加工机械、压缩机、锅炉及原动机、电炉、齿轮传动、起重运输设备、通用零部件等通用设备制造）

B. 专用设备制造（食品加工、印刷、矿山、冶金、建筑、化工、制药、纺织、医疗器械等专用设备制造）

C. 交通运输设备制造（汽车、铁路运输、船舶、航空航天器、交通器材等设备制造）

D. 电气机械及器材制造（电机、电工器材、输配电及控制、电池等电气设备制造）

E. 通信设备、计算机及电子设备制造（广播电视、计算机、通信、雷达、电子器件等设备制造）

F. 仪器仪表及文化、办公用设备制造（钟表及计时仪器、光学仪器、通用或专用仪器仪表等设备制造）

第二部分：调查问卷主体

该部分问题的设计主要用于探索供应商创新性的利用机制。请您对于以下问卷题项，根据您的不同认可程度进行打分，您的意见分为：1－完全不符合；2－不符合；3－态度中立；4－基本符合；5－完全符合等五个标准。请根据您个人对公司的了解和供应商合作的经验与管理实践，在问卷题目后方相应的等级上画"√"代表您对该题项所描述企业真实情况的认同程度；如果通过电子版作答，请将对应的等级涂红。

	完全不符合	基本不符合	态度中立	基本符合	完全符合

供应商创新性

1. 近五年相比于竞争对手，该供应商总能快速推出新产品······① ② ③ ④ ⑤
2. 近五年相比于竞争对手，该供应商具有更高的产品发布成功率······① ② ③ ④ ⑤

3. 近五年相比于竞争对手，该供应商推出更多新产品 ① ② ③ ④ ⑤

4. 近五年相比于竞争对手，该供应商推出更多有创意的服务项目 ① ② ③ ④ ⑤

5. 在引进的新产品中，该供应商能提供处于技术前沿的新生产技术 ① ② ③ ④ ⑤

6. 该供应商能够不断改进制造工艺 ① ② ③ ④ ⑤

7. 与竞争对手相比，该供应商能够快速改变生产方法 ① ② ③ ④ ⑤

8. 该供应商能够及时更新生产设备 ① ② ③ ④ ⑤

9. 当传统方法不能解决实际问题时，该供应商经常能够提出新的技术方法 ① ② ③ ④ ⑤

10. 该供应商乐于接受内外部新观点 ① ② ③ ④ ⑤

11. 该供应商能够积极响应外界环境变化 ① ② ③ ④ ⑤

12. 该供应商对外部环境变化非常敏感 ① ② ③ ④ ⑤

13. 该供应商为组织内部产生的新观点、新方法提供有力支持 ① ② ③ ④ ⑤

14. 该供应商能够不断从新的视角看待问题 ① ② ③ ④ ⑤

15. 该供应商能够积极探索新的解决问题的思路 ① ② ③ ④ ⑤

16. 该供应商能够经常提出新的想法 ① ② ③ ④ ⑤

17. 供应商能够经常提出独创、新奇的解决方案 ① ② ③ ④ ⑤

18. 新产品开发过程中，该供应商乐意与我企业共同承担风险 ① ② ③ ④ ⑤

19. 该供应商意识到风险仍鼓励实施创新战略 ① ② ③ ④ ⑤

20. 该供应商能够打破传统思维模式进行创新 ① ② ③ ④ ⑤

21. 该供应商目标成为未来市场领导者 ① ② ③ ④ ⑤

22. 该供应商能够持续寻找新的商业机会 ① ② ③ ④ ⑤

23. 该供应商总是在该行业带头为发挥组织优势塑造环境 ① ② ③ ④ ⑤
24. 该供应商能够不断预测未来市场需求并付诸行动 ① ② ③ ④ ⑤
25. 研发过程中该供应商经常能主动与我企业探讨解决方案 ① ② ③ ④ ⑤
26. 该供应商愿意主动与我们交流设计方案 ① ② ③ ④ ⑤
27. 愿意与我企业共享技术信息 ① ② ③ ④ ⑤
28. 供应商愿意将自身拥有的先进技术应用到我企业的产品中 ① ② ③ ④ ⑤
29. 该供应商乐于提供与我企业互补的资源共同创新 ① ② ③ ④ ⑤
30. 该供应商乐意提供关系专用资产 ① ② ③ ④ ⑤
31. 该供应商迎合我们的需求采用新技术 ① ② ③ ④ ⑤
32. 该供应商能够持续保证合格技术人员为我们提供技术支持 ① ② ③ ④ ⑤
33. 该供应商愿意维持我们之间的长期合作关系 ① ② ③ ④ ⑤
34. 该供应商努力保证我们最大化地发挥他们产品的价值 ① ② ③ ④ ⑤
35. 该供应商投入很大精力了解我们的工作流程 ① ② ③ ④ ⑤
36. 该供应商积极配合我们的长期生产计划制定 ① ② ③ ④ ⑤
37. 该供应商能够与我公司其他供应商共享信息 ① ② ③ ④ ⑤
38. 该供应商能够帮助参与我公司创新的其他供应商 ① ② ③ ④ ⑤
39. 该供应商能够与我公司其他供应商定期讨论如何支持我公司创新 ① ② ③ ④ ⑤
40. 该供应商能够妥善处理与我公司其他供应商之间的矛盾 ① ② ③ ④ ⑤

制造企业对供应商的关系专用性适应

1. 我们重新培训员工 ① ② ③ ④ ⑤

2. 我们改变了存货和分销渠道 ① ② ③ ④ ⑤

3. 我们改变了信息技术系统 ① ② ③ ④ ⑤

4. 我们改变了库存和运输设备 ① ② ③ ④ ⑤

5. 我们改变了生产设备 ① ② ③ ④ ⑤

6. 我们改变了操作设备和工具 ① ② ③ ④ ⑤

7. 我们投资于质量改进项目 ① ② ③ ④ ⑤

供应商对制造企业的关系专用性适应

1. 供应商重新培训员工 ① ② ③ ④ ⑤

2. 供应商改变了存货和分销渠道 ① ② ③ ④ ⑤

3. 供应商改变了信息技术系统 ① ② ③ ④ ⑤

4. 供应商改变了库存和运输设备 ① ② ③ ④ ⑤

5. 供应商改变了生产设备 ① ② ③ ④ ⑤

6. 供应商改变了操作设备和工具 ① ② ③ ④ ⑤

7. 供应商投资于质量改进项目 ① ② ③ ④ ⑤

奖励权力

1. 当供应商最初不情愿合作时我们会提供激励措施 ① ② ③ ④ ⑤

2. 与我们合作的供应商将在很多方面获得利益 ① ② ③ ④ ⑤

3. 为使供应商满足我们的需求我们会提供奖励 ① ② ③ ④ ⑤

4. 如果供应商没有按照要求进行合作，我们将不予奖励 ① ② ③ ④ ⑤

5. 根据我们的要求开展创新，供应商能够避免其他供应商会遇到的问题 ① ② ③ ④ ⑤

强制权力

1. 我们会暗示如果供应商没有按要求完成任务，我们将不会为其提供好待遇 ① ② ③ ④ ⑤

2. 如果供应商不同意我们的建议，我们会不配合他们的工作 ① ② ③ ④ ⑤

3. 如果供应商没有遵守我们的要求将会受到惩罚 ① ② ③ ④ ⑤
4. 如果供应商在合作中没有与我们协作，我们将撤回他们需要的服务 ① ② ③ ④ ⑤

关系制度

1. 我们和供应商在对方需要的时候都乐意主动提供帮助 ① ② ③ ④ ⑤
2. 我们和供应商认为有义务帮助对方 ① ② ③ ④ ⑤
3. 我们和供应商在未提供对方所需要的帮助时会感到尴尬 ① ② ③ ④ ⑤
4. 我们和供应商在接受对方帮助后会在未来予以回报 ① ② ③ ④ ⑤
5. 我们和供应商认为在需要时向对方请求回报是正常的合作方式 ① ② ③ ④ ⑤
6. 我们和供应商认为在对方需要时候不给予回报会损害双方合作 ① ② ③ ④ ⑤
7. 我们和供应商在提供对方帮助前会了解对方的需求 ① ② ③ ④ ⑤
8. 我们和供应商会主动了解对方的困难并给予帮助 ① ② ③ ④ ⑤
9. 我们和供应商在相互合作中能够坦诚相待 ① ② ③ ④ ⑤
10. 我们和供应商在合作中不会做出虚假的指控 ① ② ③ ④ ⑤
11. 我们和供应商都会遵守承诺 ① ② ③ ④ ⑤

潜在吸收能力

1. 搜寻本行业相关信息是我们的日常工作 ① ② ③ ④ ⑤
2. 我们激励员工利用本行业中信息源 ① ② ③ ④ ⑤
3. 我们期望员工能够处理我们行业之外的信 ① ② ③ ④ ⑤
4. 我们公司中员工经常跨部门沟通创意和观点 ① ② ③ ④ ⑤
5. 我们强调跨部门支持以解决问题 ① ② ③ ④ ⑤
6. 我们公司有很快的信息流，能够在部门间快速传递信息 ① ② ③ ④ ⑤

7. 我们会定期开展跨部门会议以相互交流新进展、存在的问题以及成就 ① ② ③ ④ ⑤

实际吸收能力

1. 我们公司员工能够将所收集来的知识结构化并加以利用 ① ② ③ ④ ⑤
2. 我们公司员工习惯于吸收新知识并为未来运用做准备 ① ② ③ ④ ⑤
3. 我们公司员工能够成功地将现有知识与新观点相结合 ① ② ③ ④ ⑤
4. 我们公司员工能够将新知识用于实际工作中 ① ② ③ ④ ⑤
5. 我们公司支持原型的开发 ① ② ③ ④ ⑤
6. 我们公司经常重新思考我们的技术并根据新知识对技术进行改编 ① ② ③ ④ ⑤
7. 我们公司能够通过采取新技术使工作更有效 ① ② ③ ④ ⑤

供应商创新共享

1. 该供应商在早期就参与进我企业的产品创新过程中 ① ② ③ ④ ⑤
2. 该供应商为我企业新产品带来了新颖的想法 ① ② ③ ④ ⑤
3. 该供应商为我企业提供新零部件 ① ② ③ ④ ⑤
4. 该供应商为我们新产品提供适用的先进技术 ① ② ③ ④ ⑤
5. 该供应商为我企业提供工艺流程改进建议 ① ② ③ ④ ⑤
6. 该供应商根据我们的新产品需求创新其制造工艺 ① ② ③ ④ ⑤
7. 该供应商为我们提供新颖的工艺技术 ① ② ③ ④ ⑤
8. 该供应商将新制造方法用于我们新产品中 ① ② ③ ④ ⑤

创新绩效

1. 相比竞争对手，我们提升新产品引进时间显著提高 ① ② ③ ④ ⑤
2. 相比竞争对手，我们能够提供更多在行业内非常新颖的新产品 ① ② ③ ④ ⑤

3. 我们的新产品为我们行业产品提供了新的设计思路 ①　②　③　④　⑤

4. 相比竞争对手，我们的产品为顾客提供具有高差异化的新特性 ①　②　③　④　⑤

5. 我们的产品比竞争者的产品更能迎合顾客需求 ①　②　③　④　⑤

6. 我们的产品拥有目前最先进的技术 ①　②　③　④　⑤

7. 相比竞争对手，我们的产品占据了更高的市场份额 ①　②　③　④　⑤

8. 我们能够不断进行工艺创新 ①　②　③　④　⑤

9. 相比竞争对手，我们能够以最快速度更新我们的生产方法 ①　②　③　④　⑤

10. 我们的工艺创新新颖程度能得到客户的认可 ①　②　③　④　⑤

11. 传统方法不能解决问题时，我们能够迅速采用新方法解决 ①　②　③　④　⑤

技术波动

1. 我们行业中的技术变化很快 ①　②　③　④　⑤

2. 技术变化为我们行业带来了巨大的机会 ①　②　③　④　⑤

3. 我们行业中许多新产品的开发是由技术的突破引起的 ①　②　③　④　⑤

4. 我们无法预测未来 2~3 年内有什么新技术应用于本行业 ①　②　③　④　⑤

问卷结束，再次感谢您的悉心作答！

附录3 Mplus 程序

奖励权力调节作用的 Mplus 程序
DATA：FILE IS RP.dat；
VARIABLE：NAMES ARE IP SIS SI RP SIRP；
ANALYSIS：Bootstrap = 2000；
MODEL：
SIS on SI（a1）
RP
SIRP（a3）；
IP on SI
RP
SIS（b）
SIRP；
MODEL CONSTRAINT：
new（H1 – H2）；
H1 = a1 * b；
H2 = a3 * b；
OUTPUT：cinterval（bcbootstrap）；
强制权力调节作用的 Mplus 程序
DATA：FILE IS CP.dat；
　VARIABLE：NAMES ARE IP SIS SI CP SICP；
　ANALYSIS：Bootstrap = 2000；
　MODEL：
　SIS on SI（a1）
　CP

SICP (a3);
IP on SI
CP
SIS (b)
SICP;
MODEL CONSTRAINT:
new (H1 - H5);
H1 = a1 * b;
H2 = a3 * b;!
H3 = a1 * b + a3 * 3.993 * b;
H4 = a1 * b + a3 * 1.961 * b;
H5 = H3 - H4;
OUTPUT:cinterval (bcbootstrap);

参考文献

[1] Allred, C. R., Fawcett, S. E., Wallin, C., Magnan, G. M. A dynamic collaboration capability as a source of competitive advantage [J]. Decision Sciences, 2011, 42 (1): 129 - 161.

[2] Ambrosini, V., Bowman, C. What are dynamic capabilities and are they a useful construct in strategic management? [J]. International Journal of Management Reviews, 2009, 11 (1): 29 - 49.

[3] Andersen, P. H., Drejer, I. Together we share? Competitive and collaborative supplier interests in Product development [J]. Technovation, 2009, 29 (10): 690 - 703.

[4] Atuahene - Gima, K. Involving organizational buyers in new Product development [J]. Industrial Marketing Management, 1995, 24 (3): 215 - 226.

[5] Avlonitis, G. J., Kouremenos, A., Tzokas, N. Assessing the innovativeness of organizations and its antecedents: Project innovstrat [J]. European Journal of Marketing, 1994, 28 (11): 5 - 28.

[6] Awazu, Y., Baloh, P., Desouza, K. C., Wecht, C. H., Kim, J., Jha, S. Information communication technologies open up innovation [J]. Research - Technology Management, 2009, 52 (1): 51 - 58.

[7] Azadegan, A. Benefiting from supplier operational innovativeness: The influence of supplier evaluations and absorptive capacity [J]. Journal of Supply Chain Management, 2011, 47 (2): 49 - 64.

[8] Azadegan, A., Dooley, K. J. Supplier innovativeness, organizational learning styles and manufacturer Performance: An empirical assessment [J]. Journal of Operations Management, 2010, 28 (6): 488 - 505.

[9] Azadegan, A., Dooley, K. J., Carter, P. L., Carter, J. R. Supplier

innovativeness and the role of interorganizational learning in enhancing manufacturer capabilities [J]. Journal of Supply Chain Management, 2008, 44 (4): 14 – 35.

[10] Belaya, V., Gagalyuk, T., Hanf, J. Measuring asymmetrical Power distribution in supply chain networks: What is the appropriate method? [J]. Journal of Relationship Marketing, 2009, 8 (2): 165 – 193.

[11] Bengtsson, L., Lakemond, N., Dabhilkar, M. Exploiting supplier innovativeness through knowledge integration [J]. International Journal of Technology Management, 2013, 61 (3/4): 237 – 253.

[12] Benton, W., Maloni, M. The influence of Power driven buyer/seller relationships on supply chain satisfaction [J]. Journal of Operations Management, 2005, 23 (1): 1 – 22.

[13] Berger, R., Herstein, R. The limits of guanxi from the Perspective of the israeli diamond industry [J]. Journal of Chinese Economic and Foreign Trade Studies, 2012, 5 (1): 29 – 41.

[14] Berger, R., Herstein, R., Mitki, Y. Guanxi: The evolutionary Process of management in china [J]. International Journal of Strategic Change Management, 2013, 5 (1): 30 – 40.

[15] Berger, R., Herstein, R., Silbiger, A., Barnes, B. R. Can guanxi be created in sino – western relationships? An assessment of western firms trading with china using the grx scale [J]. Industrial Marketing Management, 2015, 47 (4): 166 – 174.

[16] Bidault, F., Despres, C., Butler, C. The drivers of cooperation between buyers and suppliers for Product innovation [J]. Research Policy, 1998, 26 (7): 719 – 732.

[17] Binder, M., Edwards, J. S. Using grounded theory method for theory building in operations management research: A study on inter – firm relationship governance [J]. International Journal of Operations & Production Management, 2010, 30 (3): 232 – 259.

[18] Cai, S., Jun, M., Yang, Z. Implementing supply chain information integration in china: The role of institutional forces and trust [J]. Journal of Oper-

ations Management, 2010, 28 (3): 257 – 268.

[19] Cai, S., Yang, Z. The role of the guanxi institution in skill acquisition between firms: A study of chinese firms [J]. Journal of Supply Chain Management, 2014, 50 (4): 3 – 23.

[20] Caniëls, M. C., Gelderman, C. J. The safeguarding effect of governance mechanisms in inter – firm exchange: The decisive role of mutual opportunism [J]. British Journal of Management, 2010, 21 (1): 239 – 254.

[21] Carlsson, S., Corvello, V., Schroll, A., Mild, A. Open innovation modes and the role of internal R&D: An empirical study on open innovation adoption in europe [J]. European Journal of Innovation Management, 2011, 14 (4): 475 – 495.

[22] Carr, A. S., Pearson, J. N. Strategically managed buyer – supplier relationships and Performance outcomes [J]. Journal of Operations Management, 1999, 17 (5): 497 – 519.

[23] Chen, X. – P., Chen, C. C. On the intricacies of the chinese guanxi: A Process model of guanxi development [J]. Asia Pacific Journal of Management, 2004, 21 (3): 305 – 324.

[24] Chesbrough, H. W., W. Vanhaverbeke, and J. West (Eds.) (2006). Open Innovation: Researching a New Paradigm [M]. Oxford: Oxford University Press.

[25] Chesbrough, H. W. Open innovation: The new imperative for creating and Profiting from technology. Harvard Business Press. 2006.

[26] Choi, T. Y., Hartley, J. L. An exploration of supplier selection Practices across the supply chain [J]. Journal of operations management, 1996, 14 (4): 333 – 343.

[27] Clark, K. B. Project scope and Project Performance: The effect of Parts strategy and supplier involvement on Product development [J]. Management science, 1989, 35 (10): 1247 – 1263.

[28] Cooper, R. G., Kleinschmidt, E. J. Benchmarking the firm's critical success factors in new Product development [J]. Journal of Product Innovation

Management, 1995, 12 (5): 374 – 391.

[29] Cowan, K., Paswan, A. K., Van Steenburg, E. When inter – firm relationship benefits mitigate Power asymmetry [J]. Industrial Marketing Management, 2015, 48 (5): 140 – 148.

[30] Cruz – González, J., López – Sáez, P., Navas – López, J. E. Absorbing knowledge from supply – chain, industry and science: The distinct moderating role of formal liaison devices on new Product development and novelty [J]. Industrial Marketing Management, 2015, 47 (5): 75 – 85.

[31] Cusumano, M. A., Takeishi, A. Supplier relations and management: A survey of japanese, japanese – transplant, and us auto Plants [J]. Strategic Management Journal, 1991, 12 (8): 563 – 588.

[32] Duysters, G., Lokshin, B. Determinants of alliance Portfolio complexity and its effect on innovative Performance of companies * [J]. Journal of Product Innovation Management, 2011, 28 (4): 570 – 585.

[33] Dyer, J. H., Singh, H. The relational view: Cooperative strategy and sources of interorganizational competitive advantage [J]. Academy of Management Review, 1998, 23 (4): 660 – 679.

[34] Eisenhardt, K. M., Martin, J. A. Dynamic capabilities: What are they? [J]. Strategic management journal, 2000, 21 (10 – 11): 1105 – 1121.

[35] Eisenhardt, K. M., Tabrizi, B. N. Accelerating adaptive Processes: Product innovation in the global computer industry [J]. Administrative Science Quarterly, 1995, 40 (1): 84 – 110.

[36] Fan, Y. Questioning guanxi: Definition, classification and implications [J]. International business review, 2002, 11 (5): 543 – 561.

[37] Flatten, T. C., Engelen, A., Zahra, S. A., Brettel, M. A measure of absorptive capacity: Scale development and validation [J]. European Management Journal, 2011, 29 (2): 98 – 116.

[38] Fuertes – Callén, Y., Cuéllar – Fernández, B. What is the role of commercialisation and reputation in Product innovation success? [J]. Innovation, 2014, 16 (1): 96 – 105.

[39] Gao, G. Y., Xie, E., Zhou, K. Z. How does technological diversity in supplier network drive buyer innovation? Relational Process and contingencies [J]. Journal of Operations Management, 2015, 36 (4): 165 - 177.

[40] Garcia, R., Calantone, R. A critical look at technological innovation typology and innovativeness terminology: A literature review [J]. Journal of Product innovation management, 2002, 19 (2): 110 - 132.

[41] Gassmann, O., Enkel, E. (2004). Towards a Theory of Open Innovation: Three Core Process Archetypes [C], R&D Management Conference (RADMA), Lisbon, Portugal, 1 - 18.

[42] Gassmann, O., Enkel, E., Chesbrough, H. The future of open innovation R&D Management, 2010, 40 (3): 213 - 221.

[43] Gobbo Jr, J. A., Olsson, A. The transformation between exploration and exploitation applied to inventors of Packaging innovations [J]. Technovation, 2010, 30 (5 - 6): 322 - 331.

[44] Granovetter, M. Economic action and social structure: The Problem of embeddedness [J]. American Journal of Sociology, 1985, 91 (3): 481 - 510.

[45] Gu, F. F., Hung, K., Tse, D. K. When does guanxi matter? Issues of capitalization and its dark sides [J]. Journal of Marketing, 2008, 72 (4): 12 - 28.

[46] Handfield, R. B., Ragatz, G. L., Peterson, K. J., Monczka, R. M. Involving suppliers in new Product development? [J]. California Management Review, 1999, 42 (1): 59 - 82.

[47] Hartley, J. L., Zirger, B. J., Kamath, R. R. Managing the buyer - supplier interface for on - time Performance in Product development [J]. Journal of Operations Management, 1997, 15 (1): 57 - 70.

[48] He, Q., Ghobadian, A., Gallear, D. Knowledge acquisition in supply chain Partnerships: The role of Power [J]. International Journal of Production Economics, 2013, 141 (2): 605 - 618.

[49] Helfat, C. E., Winter, S. G. Untangling dynamic and operational capabilities: Strategy for the (n) ever - changing world [J]. Strategic Management

Journal, 2011, 32 (11): 1243 - 1250.

[50] Henke Jr, J. W., Zhang, C. Increasing supplier - driven innovation [J]. MIT Sloan Management Review, 2010, 51 (2): 41 - 46.

[51] Huizingh, E. K. Open innovation: State of the art and future Perspectives [J]. Technovation, 2011, 31 (1): 2 - 9.

[52] Hult, G. T. M., Hurley, R. F., Knight, G. A. Innovativeness: Its antecedents and impact on business Performance [J]. Industrial Marketing Management, 2004, 33 (5): 429 - 438.

[53] Hult, G. T. M., Ketchen, D. J. Does market orientation matter? A test of the relationship between Positional advantage and Performance [J]. Strategic Management Journal, 2001, 22 (9): 899 - 906.

[54] Hurley, R. F., Hult, G. T. M. Innovation, market orientation, and organizational learning: An integration and empirical examination [J]. The Journal of Marketing, 1998, 62 (3): 42 - 54.

[55] Hurley, R. F., Hult, G. T. M., Knight, G. A. Innovativeness and capacity to innovate in a complexity of firm - level relationships: A response to woodside (2004) [J]. Industrial Marketing Management, 2005, 34 (3): 281 - 283.

[56] Imai, K., Nonaka, I., Takeuchi, H. Managing the new Product development Process: How japanese companies learn and unlearn [J]. The Uneasy Alliance Managing the Productivity Technology Dilemna, 1985: 337 - 375.

[57] Inemek, A., Matthyssens, P. The impact of buyer - supplier relationships on supplier innovativeness: An empirical study in cross - border supply networks [J]. Industrial Marketing Management, 2013, 42 (4): 580 - 594.

[58] Jaworski, B. J., Kohli, A. K. Market orientation: Antecedents and consequences [J]. The Journal of Marketing, 1993: 53 - 70.

[59] Jean, R. J., Kim, D., Sinkovics, R. R. Drivers and Performance outcomes of supplier innovation generation in customer - supplier relationships: The role of Power - dependence [J]. Decision Sciences, 2012, 43 (6): 1003 - 1038.

[60] Jia, F., Cai, S., Xu, S. Interacting effects of uncertainties and insti-

tutional forces on information sharing in marketing channels [J]. Industrial Marketing Management, 2014, 43 (5): 737-746.

[61] Johnsen, T. E. Supplier involvement in new Product development and innovation: Taking stock and looking to the future [J]. Journal of Purchasing and Supply Management, 2009, 15 (3): 187-197.

[62] Johnsen, T. E. Supply network delegation and intervention strategies during supplier involvement in new Product development [J]. International Journal of Operations & Production Management, 2011, 31 (6): 686-708.

[63] Kanda, A., Deshmukh, S. Supply chain coordination: Perspectives, empirical studies and research directions [J]. International Journal of Production Economics, 2008, 115 (2): 316-335.

[64] Keizer, J. A., Halman, J. I. Risks in major innovation Projects, a multiple case study within a world's leading company in the fast moving consumer goods [J]. International Journal of Technology Management, 2009, 48 (4): 499-517.

[65] Kessler, E. H., Bierly, P. E., Gopalakrishnan, S. Internal vs. External learning in new Product development: Effects on speed, costs and competitive advantage [J]. R&D Management, 2000, 30 (3): 213-224.

[66] Knoppen, D., Sáenz, M. J., Johnston, D. A. Innovations in a relational context: Mechanisms to connect learning Processes of absorptive capacity [J]. Management Learning, 2011, 42 (4): 419-438.

[67] Knudsen, M. P. The relative importance of interfirm relationships and knowledge transfer for new Product development success [J]. Journal of Product Innovation Management, 2007, 24 (2): 117-138.

[68] Knudsen, M. P. The relative importance of interfirm relationships and knowledge transfer for new Product development success ∗ [J]. Journal of Product Innovation Management, 2007, 24 (2): 117-138.

[69] Kocoglu, I., Akgün, A. E., Keskin, H. The differential relationship between absorptive capacity and Product innovativeness: A theoretically derived framework [J]. International Business Research, 2015, 8 (7): 108-120.

[70] Koufteros, X., Edwin Cheng, T., Lai, K. "Black – box" and "gray – box" supplier integration in Product development: Antecedents, consequences and the moderating role of firm size [J]. Journal of Operations Management, 2007, 25 (4): 847 – 870.

[71] Koufteros, X., Vonderembse, M., Jayaram, J. Internal and external integration for Product development: The contingency effects of uncertainty, equivocality, and Platform strategy [J]. Decision Sciences, 2005, 36 (1): 97 – 133.

[72] Krause, D. R., Pagell, M., Curkovic, S. Toward a measure of competitive Priorities for Purchasing [J]. Journal of Operations Management, 2001, 19 (4): 497 – 512.

[73] Lager, T., Prof. Jean – PhilippeRennard, P., T. Rosell, D., Lakemond, N., Nazli Wasti, S. Integrating knowledge with suppliers at the r & d – manufacturing interface [J]. Journal of Manufacturing Technology Management, 2014, 25 (2): 240 – 257.

[74] Lakemond, N., Echtelt, F., Wynstra, F. A configuration typology for involving Purchasing specialists in Product development [J]. Journal of Supply Chain Management, 2001, 37 (3): 11 – 20.

[75] Lau, A. K. 2009. Managing modular Product design: Critical factors and a managerial guide. In: Management of Engineering & Technology, 2009. PICMET 2009. Portland International Conference on, IEEE; pp. 2045 – 2057.

[76] Lau, A. K. Supplier and customer involvement on new Product Performance: Contextual factors and an empirical test from manufacturer Perspective [J]. Industrial Management & Data Systems, 2011, 111 (6): 910 – 942.

[77] Lau, A. K., Tang, E., Yam, R. Effects of supplier and customer integration on Product innovation and Performance: Empirical evidence in hong kong manufacturersJournal of Product Innovation Management, 2010, 27 (5): 761 – 777.

[78] Lau, A. K., Yam, R. C., Tang, E. P. Supply chain Product co – development, product modularity and Product Performance: Empirical evidence from hong kong manufacturers [J]. Industrial Management & Data Systems,

2007, 107 (7): 1036 – 1065.

[79] Lawson, B., Tyler, B. B., Potter, A. Strategic suppliers' technical contributions to new Product advantage: Substitution and configuration options [J]. Journal of Product Innovation Management, 2015, 32 (5): 760 – 776.

[80] Leal – Rodríguez, A. L., Roldán, J. L., Ariza – Montes, J. A., Leal – Millán, A. From Potential absorptive capacity to innovation outcomes in Project teams: The conditional mediating role of the realized absorptive capacity in a relational learning context [J]. International Journal of Project Management, 2014, 32 (6): 894 – 907.

[81] Littler, D., Leverick, F., Wilson, D. Collaboration in new technology based Product markets [J]. International Journal of Technology Management, 1998, 15 (1): 139 – 159.

[82] Liu, H., Ke, W., Wei, K. K., Hua, Z. Influence of Power and trust on the intention to adopt electronic supply chain management in china [J]. International Journal of Production Research, 2015, 53 (1): 70 – 87.

[83] Lumpkin, G. T., Dess, G. G. Clarifying the entrepreneurial orientation construct and linking it to Performance [J]. Academy of Management Review, 1996, 21 (1): 135 – 172.

[84] Luzzini, D., Ronchi, S. Organizing the Purchasing department for innovation [J]. Operations Management Research, 2011, 4 (1 – 2): 14 – 27.

[85] Lynch, P., Walsh, M., Harrington, D., 2010. Defining and dimensionalizing organizational innovativeness. In: 2010 ICHRIE AnnualSummer Conference & Marketplace, Caribe Hilton, San Juan, Puerto Rico, USA, 28 – 31 July.

[86] Lynch, R. P., Steve, R. 2007. Capturing innovation from suppliers. In: 92nd Annual International Supply Management Conference.

[87] Maloni, M., Benton, W. C. Power influences in the supply chain [J]. Journal of Business Logistics, 2000, 21 (1): 49 – 74.

[88] McGinnis, M. A., Vallopra, R. M. Purchasing and supplier involvement: Issues and insights regarding new Product success [J]. Journal of Supply Chain Management, 1999, 35 (2): 4 – 15.

[89] McIvor, R., Humphreys, P., Cadden, T. Supplier involvement in Product development in the electronics industry: A case study [J]. Journal of Engineering and Technology Management, 2006, 23 (4): 374 - 397.

[90] Menguc, B., Auh, S. Creating a firm - level dynamic capability through capitalizing on market orientation and innovativeness [J]. Journal of the Academy of Marketing Science, 2006, 34 (1): 63 - 73.

[91] Miemczyk, J., Johnsen, T. E., Macquet, M. Sustainable Purchasing and supply management: A structured literature review of definitions and measures at the dyad, chain and network levels [J]. Supply Chain Management: An International Journal, 2012, 17 (5): 478 - 496.

[92] Mukherji, A., Francis, J. D. Mutual adaptation in buyer - supplier relationships [J]. Journal of Business Research, 2008, 61 (2): 154 - 161.

[93] Murat Ar, I., Baki, B. Antecedents and Performance impacts of Product versus Process innovation: Empirical evidence from smes located in turkish science and technology Parks [J]. European Journal of Innovation Management, 2011, 14 (2): 172 - 206.

[94] Narasimhan, R., Nair, A., Griffith, D. A., Arlbjørn, J. S., Bendoly, E. Lock - in situations in supply chains: A social exchange theoretic study of sourcing arrangements in buyer - supplier relationships [J]. Journal of Operations Management, 2009, 27 (5): 374 - 389.

[95] Nielsen, B. B., Nielsen, S. Learning and innovation in international strategic alliances: An empirical test of the role of trust and tacitness [J]. Journal of Management Studies, 2009, 46 (6): 1031 - 1056.

[96] Nijssen, E. J., Biemans, W. G., De Kort, J. F. Involving Purchasing in new Product development [J]. R&D Management, 2002, 32 (4): 281 - 289.

[97] Nyaga, G. N., Lynch, D. F., Marshall, D., Ambrose, E. Power asymmetry, adaptation and collaboration in dyadic relationships involving a Powerful Partner [J]. Journal of Supply Chain Management, 2013, 49 (3): 42 - 65.

[98] Park, S. H., Luo, Y. Guanxi and organizational dynamics: Organiza-

tional networking in chinese firms [J]. Strategic Management Journal, 2001, 22 (5): 455 - 477.

[99] Perkmann, M., Walsh, K. University - industry relationships and open innovation: Towards a research agenda [J]. International Journal of Management Reviews, 2007, 9 (4): 259 - 280.

[100] Petersen, K. J., Handfield, R. B., Ragatz, G. L. Supplier integration into new Product development: Coordinating Product, process and supply chain design [J]. Journal of Operations Management, 2005, 23 (3): 371 - 388.

[101] Petersen, K. J., Handfield, R. B., Ragatz, G. L. Supplier integration into new Product development: Coordinating Product, process and supply chain design [J]. Journal of Operations Management, 2005, 23 (3 - 4): 371 - 388.

[102] Pilkington, A., Dyerson, R. Extending simultaneous engineering: Electric vehicle supply chains and new Product development [J]. International Journal of Technology Management, 2002, 23 (1 - 3): 74 - 88.

[103] Potter, A., Lawson, B. Help or hindrance? Causal ambiguity and supplier involvement in new Product development teams [J]. Journal of Product Innovation Management, 2013, 30 (4): 794 - 808.

[104] Primo, M. A., Amundson, S. D. An exploratory study of the effects of supplier relationships on new Product development outcomes [J]. Journal of Operations Management, 2002, 20 (1): 33 - 52.

[105] Pulles, N. J., Veldman, J., Schiele, H. Identifying innovative suppliers in business networks: An empirical study [J]. Industrial Marketing Management, 2014, 43 (3): 409 - 418.

[106] Pulles, N. J., Veldman, J., Schiele, H., Sierksma, H. Pressure or Pamper? The effects of Power and trust dimensions on supplier resource allocation [J]. Journal of Supply Chain Management, 2014, 50 (3): 16 - 36.

[107] Ragatz, G. L., Handfield, R. B., Scannell, T. V. Success factors for integrating suppliers into new Product development [J]. Journal of Product Innovation Management, 1997, 14 (3): 190 - 202.

[108] Ramaseshan, B., Yip, L. S., Pae, J. H. Power, satisfaction, and

relationship commitment in chinese store – tenant relationship and their impact on Performance [J]. Journal of Retailing, 2006, 82 (1): 63 – 70.

[109] Ramsay, J. The real meaning of value in trading relationships [J]. International Journal of Operations & Production Management, 2005, 25 (6): 549 – 565.

[110] Rese, M. Successful and sustainable business Partnerships: How to select the right Partners [J]. Industrial Marketing Management, 2006, 35 (1): 72 – 82.

[111] Roden, S., Lawson, B. Developing social capital in buyer – supplier relationships: The contingent effect of relationship – specific adaptations [J]. International Journal of Production Economics, 2014, 151: 89 – 99.

[112] Rogers, E. M. 1995. Diffusion of innovations (4th ed.) [M]. New York: The Free Press.

[113] Rosell, D. T., Lakemond, N. Collaborative innovation with suppliers: A conceptual model for characterising supplier contributions to npd [J]. International Journal of Technology Intelligence and Planning, 2012, 8 (2): 197 – 214.

[114] Roy, S., Sivakumar, K., Wilkinson, I. F. Innovation generation in supply chain relationships: A conceptual model and research Propositions [J]. Journal of the Academy of Marketing Science, 2004, 32 (1): 61 – 79.

[115] Ruuska, I., Ahola, T., Martinsuo, M., Westerholm, T. Supplier capabilities in large shipbuilding Projects [J]. International Journal of Project Management, 2013, 31 (4): 542 – 553.

[116] Ruvio, A. A., Shoham, A., Vigoda – Gadot, E., Schwabsky, N. Organizational innovativeness: Construct development and cross – cultural validation [J]. Journal of Product Innovation Management, 2013, 31 (5): 1004 – 1022.

[117] Salavou, H. The concept of innovativeness: Should we need to focus? [J]. European Journal of Innovation Management, 2004, 7 (1): 33 – 44.

[118] Sambasivan, M., Siew – Phaik, L., Mohamed, Z. A., Leong, Y. C. Factors influencing strategic alliance outcomes in a manufacturing supply

chain: Role of alliance motives, interdependence, asset specificity and relational capital [J]. International Journal of Production Economics, 2013, 141 (1): 339 – 351.

[119] Santos – Vijande, M. L., Álvarez – González, L. I. Innovativeness and organizational innovation in total quality oriented firms: The moderating role of market turbulence [J]. Technovation, 2007, 27 (9): 514 – 532.

[120] Schiele, H. How to distinguish innovative suppliers? Identifying innovative suppliers as new task for Purchasing [J]. Industrial Marketing Management, 2006, 35 (8): 925 – 935.

[121] Schiele, H. Early supplier integration: The dual role of Purchasing in new Product development [J]. R&D Management, 2010, 40 (2): 138 – 153.

[122] Schiele, H. Accessing supplier innovation by being their Preferred customerResearch – Technology Management, 2012, 55 (1): 44 – 50.

[123] Schiele, H., Veldman, J., Hüttinger, L. Supplier innovativeness and supplier Pricing: The role of Preferred customer status [J]. International Journal of Innovation Management, 2011, 15 (1): 1 – 27.

[124] Schmidt, S. – O., Tyler, K., Brennan, R. Adaptation in inter – firm relationships: Classification, motivation, calculation [J]. Journal of Services Marketing, 2007, 21 (7): 530 – 537.

[125] Sheng, S., Zhou, K. Z., Li, J. J. The effects of business and Political ties on firm Performance: Evidence from china [J]. Journal of Marketing, 2011, 75 (1): 1 – 15.

[126] Shi, G., Shi, Y., Chan, A. K., Liu, M. T., Fam, K. – S. The role ofrenqing in mediating customer relationship investment and relationship commitment in china [J]. Industrial Marketing Management, 2011, 40 (4): 496 – 502.

[127] Siguaw, J. A., Simpson, P. M., Enz, C. A. Conceptualizing innovation orientation: A framework for study and integration of innovation research ∗ [J]. Journal of Product Innovation Management, 2006, 23 (6): 556 – 574.

[128] Slater, S. F., Narver, J. C. Does competitive environment moderate the market orientation – performance relationship? [J]. The Journal of Marketing,

1994, 58 (1): 46 - 55.

[129] Song, L. Z., Song, M., Di Benedetto, C. A. Resources, supplier investment, product launch advantages, and first Product Performance [J]. Journal of Operations Management, 2011, 29 (1): 86 - 104.

[130] Song, M., Di Benedetto, C. A. Supplier's involvement and success of radical new Product development in new ventures [J]. Journal of Operations Management, 2008, 26 (1): 1 - 22.

[131] Spaeth, S., Stuermer, M., Von Krogh, G. Enabling knowledge creation through outsiders: Towards a Push model of open innovation [J]. International Journal of Technology Management, 2010, 52 (3): 411 - 431.

[132] Su, Y. S., Tsang, E. W. K., Peng, M. W. How do internal capabilities and external Partnerships affect innovativeness? [J]. Asia Pacific Journal of Management, 2009, 26 (2): 309 - 331.

[133] Suddaby, R. From the editors: What grounded theory is not [J]. Academy of Management Journal, 2006, 49 (4): 633 - 642.

[134] Swink, M., Narasimhan, R., Wang, C. Managing beyond the factory walls: Effects of four types of strategic integration on manufacturing Plant Performance [J]. Journal of Operations Management, 2007, 25 (1): 148 - 164.

[135] Takeishi, A. Knowledge Partitioning in the interfirm division of labor: The case of automotive Product development [J]. Organization Science, 2002, 13 (3): 321 - 338.

[136] Talke, K., Hultink, E. J. Managing diffusion barriers when launching new Products [J]. Journal of Product Innovation Management, 2010, 27 (4): 537 - 553.

[137] Terpend, R., Ashenbaum, B. The intersection of Power, trust and supplier network size: Implications for supplier Performance [J]. Journal of Supply Chain Management, 2012, 48 (3): 52 - 77.

[138] Terwiesch, C., & Ulrich, K. T. (2009). Innovation Tournaments - Creating and Selecting Exceptional Opportunities [M]. Boston: Harvard Business Press.

[139] Tsai, K.-H., Yang, S.-Y. Firm innovativeness and business Performance: The joint moderating effects of market turbulence and competition [J]. Industrial Marketing Management, 2013, 42 (8): 1279-1294.

[140] Tzokas, N., Kim, Y. A., Akbar, H., Al-Dajani, H. Absorptive capacity and Performance: The role of customer relationship and technological capabilities in high-tech smes [J]. Industrial Marketing Management, 2015, 47 (5): 134-142.

[141] Un, C. A., Cuervo-Cazurra, A., Asakawa, K. R&D collaborations and Product innovation [J]. Journal of Product Innovation Management, 2010, 27 (5): 673-689.

[142] Vázquez-Casielles, R., Iglesias, V., Varela-Neira, C. Collaborative manufacturer-distributor relationships: The role of governance, information sharing and creativity [J]. Journal of Business & Industrial Marketing, 2013, 28 (8): 620-637.

[143] VanEchtelt, F. E., Wynstra, F., van Weele, A. J. Strategic and operational management of supplier involvement in new Product development: A contingency Perspective [J]. Engineering Management, IEEE Transactions on, 2007, 54 (4): 644-661.

[144] VanEchtelt, F. E. A., Wynstra, F., Van Weele, A. J., Duysters, G. Managing supplier involvement in new Product development: A multiple-case study [J]. Journal of Product Innovation Management, 2008, 25 (2): 180-201.

[145] Verhees, F. J., Meulenberg, M. T. Market orientation, innovativeness, product innovation, and Performance in small firms [J]. Journal of Small Business Management, 2004, 42 (2): 134-154.

[146] Vojak, B., Suárez-Núñez, C. Product attribute bullwhip in the technology Planning Process and a methodology to reduce it [J]. Engineering Management, IEEE Transactions on, 2004, 51 (3): 288-299.

[147] Von Corswant, F., Tunälv, C. Coordinating customers and Proactive suppliers: A case study of supplier collaboration in Product development [J].

Journal of Engineering and Technology Management, 2002, 19 (3): 249 – 261.

[148] Wagner, S., Busse, C. Managing innovation at logistics service Providers – an introduction [J]. Managing innovation – the new competitive edge for logistics service Providers, Berne, Switzerland: Haupt, 2008: 1 – 12.

[149] Wagner, S. M. Supplier traits for better customer firm innovation Performance [J]. Industrial Marketing Management, 2010, 39 (7): 1139 – 1149.

[150] Wagner, S. M. Tapping supplier innovation [J]. Journal of Supply Chain Management, 2012, 48 (2): 37 – 52.

[151] Wagner, S. M., Bode, C. Supplier relationship – specific investments and the role of safeguards for supplier innovation sharing [J]. Journal of Operations Management, 2014, 32 (3): 65 – 78.

[152] Wagner, S. M., Lukassen, P., Mahlendorf, M. Misused and missed use—grounded theory and objective hermeneutics as methods for research in industrial marketing [J]. Industrial Marketing Management, 2010, 39 (1): 5 – 15.

[153] Walsh, M., Lynch, P., Harrington, D. A capability based framework for tourisminnovativeness, 2010.

[154] Wang, C. L. Guanxi vs. Relationship marketing: Exploring underlying differences [J]. Industrial Marketing Management, 2007, 36 (1): 81 – 86.

[155] Wang, C. L., Ahmed, P. K. The development and validation of the organisational innovativeness construct using confirmatory factor analysis [J]. European Journal of Innovation Management, 2004, 7 (4): 303 – 313.

[156] Wang, C. L., Ahmed, P. K. Dynamic capabilities: A review and research agenda [J]. International Journal of Management Reviews, 2007, 9 (1): 31 – 51.

[157] Wasti, S. N., Liker, J. K. Risky business or competitive Power? Supplier involvement in japanese Product design [J]. Journal of Product Innovation Management, 1997, 14 (5): 337 – 355.

[158] Weber, C. A., Current, J. R., Benton, W. Vendor selection criteria and methods [J]. European Journal of Operational Research, 1991, 50 (1): 2 – 18.

[159] Weigelt, C. Leveraging supplier capabilities: The role of locus of capability deployment [J]. Strategic Management Journal, 2012, 34 (1): 1 – 21.

[160] West, J. (2006). Does appropriability enable or retard open innovation? [M] In Chesbrough, H., W. Vanhaverbeke, J. West (eds.). Open Innovation: Researching a new Paradigm. Oxford University Press. 2008, pp. 1 – 12.

[161] Winter, S., Lasch, R. (2011) Management of Supplier Innovation: A Framework for Accessing and Realizing Innovation from Suppliers. In E. Sucky, B. Asdecker, A. Dobhan, S. Haas, & J. Wiese (Eds.), Logistikmanagement – Herausforderungen, Chancen & Lösungen, (pp. 85 – 104). Bamberg: University of Bamberg Press.

[162] Winter, S., Lasch, R. (2012). Supplier Innovation Evaluation: Derivation of Requirements for an Assessment. In Wolfgang Kersten, T. Blecker, & C. M. Ringle (Eds.), Managing the Future Supply Chain (pp. 235 – 256). Lohmar: EUL Verlag.

[163] Wognum, P., Fisscher, O. A., Weenink, S. A. Balanced relationships: Management of client – supplier relationships in Product development [J]. Technovation, 2002, 22 (6): 341 – 351.

[164] Wynstra, F., Ten Pierick, E. Managing supplier involvement in new Product development: A Portfolio approach [J]. European Journal of Purchasing & Supply Management, 2000, 6 (1): 49 – 57.

[165] Wynstra, F., Van Echtelt, F. 2001. Managing supplier integration into Product development: A literature review and conceptual model. In: 17th Industrial Marketing Purchasing Conference.

[166] Wynstra, F., Von Corswant, F., Wetzels, M. In chains? An empirical study of antecedents of supplier Product development activity in the automotive industry ∗ [J]. Journal of Product Innovation Management, 2010, 27 (5): 625 – 639.

[167] Wynstra, F., Weggeman, M., Van Weele, A. Exploring Purchasing integration in Product developmentIndustrial Marketing Management, 2003, 32 (1): 69 – 83.

[168] Yan, T., Dooley, K. Buyer – supplier collaboration quality in new Product development Projects [J]. Journal of Supply Chain Management, 2014, 50 (2): 59 – 83.

[169] Yang, Z., Su, C. Institutional theory in business marketing: A conceptual framework and future directions [J]. Industrial Marketing Management, 2014, 43 (5): 721 – 725.

[170] Yang, Z., Wang, C. L. Guanxi as a governance mechanism in business markets: Its characteristics, relevant theories, and future research directions [J]. Industrial Marketing Management, 2011, 40 (4): 492 – 495.

[171] Yen, D. A., Barnes, B. R., Wang, C. L. The measurement of guanxi: Introducing thegrx scale [J]. Industrial Marketing Management, 2011, 40 (1): 97 – 108.

[172] Yeniyurt, S., Henke Jr, J. W., Yalcinkaya, G. A longitudinal analysis of supplier involvement in buyers' new Product development: Working relations, inter – dependence, co – innovation, and Performance outcomes [J]. Journal of the Academy of Marketing Science, 2014, 42 (3): 291 – 308.

[173] Zahra, S. A., George, G. Absorptive capacity: A review, reconceptualization, and extension [J]. Academy of Management Review, 2002, 27 (2): 185 – 203.

[174] Zeng, S. X., Xie, X., Tam, C. M. Relationship between cooperation networks and innovation Performance of smes [J]. Technovation, 2010, 30 (3): 181 – 194.

[175] Zhao, S. N., Timothy, D. J. Governance of red tourism in china: Perspectives on Power and guanxi [J]. Tourism Management, 2015, 46: 489 – 500.

[176] Zhao, X., Huo, B., Flynn, B. B., Yeung, J. H. Y. The impact of Power and relationship commitment on the integration between manufacturers and customers in a supply chain [J]. Journal of Operations Management, 2008, 26 (3): 368 – 388.

[177] 陈钰芬, 陈劲. 开放式创新促进创新绩效的机理研究 [J]. 科研

管理, 2009, 30 (4): 1-9.

[178] 李随成, 姜银浩. 供应商参与新产品开发对企业自主创新能力的影响研究 [J]. 南开管理评论, 2009 (6): 11-18.

[179] 林筠, 李随成. 我国装备制造企业供应商参与新产品开发状况的调查及分析 [J]. 科学研究, 2009, 27 (5): 743-749.

[180] 温忠麟, 叶宝娟. 有调节的中介模型检验方法: 竞争还是替补? [J]. 心理学报, 2014, 46 (5): 714-726.

[181] 温忠麟, 叶宝娟. 中介效应分析: 方法和模型发展 [J]. 心理科学进展, 2014, 22 (5): 731-745.

[182] 吴明隆. 问卷分析统计实务——SPSS 操作与应用 [M]. 重庆: 重庆大学出版社. 2010.

[183] 叶宝娟, 温忠麟. 有中介的调节模型检验方法甄别和整合 [J]. 心理学报, 2013, 45 (9): 1050-1060.

[184] 禹文钢, 李随成. 供应商对制造企业的创新贡献研究——基于供应商集成和采购集成能力的调节作用. 软科学, 2016, 30 (2): 83-87.